LES

COTES DE L'OCÉAN

(AOUT-SEPTEMBRE 1880)

LE NORD DE LA FRANCE ET DE LA BELGIQUE

(JUILLET 1881)

LA SUISSE

(Deuxième voyage)

(AOUT 1881)

ORLÉANS
IMPRIMERIE DE GEORGES JACOB
4, CLOITRE SAINT-ETIENNE, 4

1881

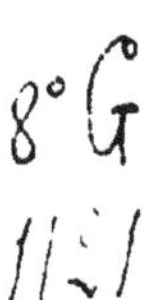

LES COTES DE L'OCÉAN

(AOUT-SEPTEMBRE 1880)

LES

COTES DE L'OCÉAN

(AOUT-SEPTEMBRE 1880)

Royan.

Je suis bien en retard avec vous, lecteurs amis, que j'avais l'habitude d'entretenir chaque année de mes excursions périodiques : un huitième récit n'est point venu à la fin des vacances de 1880 s'ajouter à ses sept aînés, et, s'il m'est permis d'appliquer à pareille matière le style juridique, j'ai mis ainsi l'oubli, ce puissant et rapide envahisseur, à même de pouvoir invoquer contre moi la possession annale. C'est que, pour la première fois depuis bien des années, non seulement je n'avais pas, dans les mois d'août et septembre précédents, franchi la frontière ; mais encore, pendant une absence de trois semaines, je m'étais contenté, après une station de quinze jours sur les bords de l'Océan, de revenir à Orléans par ce que je pourrais appeler le chemin de l'école, à travers plusieurs de nos départements de l'Ouest, et j'ai pensé que le récit de ce séjour et de cette promenade serait absolument dépourvu d'intérêt, et d'ailleurs remplirait à peine une vingtaine de pages.

Mais je me suis dit, pour parler encore un instant la langue du palais, que sans aucun doute quelques mois écoulés ne sauraient suffire pour prescrire contre sept années de sympathie ; que dès lors un nouveau livre aurait une certaine chance d'être accepté à la faveur du souvenir de ses devanciers, et comme, ces vacances, il m'a été donné d'accomplir deux excursions, dont une en Suisse, plus complète sur certains points que celles que j'ai déjà esquissées, et l'autre dans le nord de la France et de la Belgique, c'est-à-dire dans des régions que jamais encore je n'avais visitées, il m'a semblé qu'en réunissant tous ces éléments j'arriverais à un ensemble qu'on voudrait bien agréer. Je n'aurai pas été, je l'espère, trop présomptueux en escomptant à ce taux la bienveillance de ceux auxquels j'ai l'honneur de m'adresser. Dans tous les cas, comme deux de mes enfants ont pris part à deux de ces voyages, je me suis plu à croire qu'à ce titre, et malgré l'indifférence et le dédain superbe qu'on affecte aujourd'hui à l'égard de tout ce qui vient d'un père, et même d'une mère, le petit volume que je leur offre obtiendrait d'eux quelque faveur. Je reprends donc avec confiance ma plume plus vieille de deux ans, et d'une main par conséquent sur laquelle pèsent plus lourdement les soucis de l'avenir, dans un récit dès lors dont on ne devra point s'étonner de trouver parfois l'allure moins alerte et moins vive, je viens essayer de renouer la chaîne un moment interrompue de nos entretiens annuels.

Depuis le premier des voyages que j'entreprends de raconter, de longs mois se sont écoulés, et avec eux une de ces années qui, dans l'âge où je suis arrivé, et à l'époque où nous sommes, devraient être comptées double. Ce que je sais le moins, à l'encontre de l'avocat des *Plaideurs*, c'est donc mon commencement, et d'autant moins qu'il s'agit ici surtout de souvenirs et d'impressions sur lesquels je n'ai pas pris une note, selon mon habitude. Je crois me rappeler cependant que, parmi les projets d'excursion déjà nombreux que j'ai réalisés, il n'y en a aucun qui ait passé par des phases plus diverses, lesquelles devaient d'ailleurs se reproduire à peu près aux vacances suivantes. Des pays limitrophes ou voisins de la France qu'il est le plus facile d'aborder, il n'en était, en effet, ou pour parler plus exactement il n'en est guère qu'un où je n'aie point encore porté mes pas, la Hollande, et en août 1880, comme en juillet 1881, j'étais presque décidé à y aller. Cette année-ci j'y fus même encouragé par l'exemple d'un éminent magistrat qui voulut bien m'offrir des indications de nature à m'être utiles, avec cette affabilité qui le caractérise, et qui permettra de faire reconnaître sans peine à ces traits, par tous ceux qui ont pu l'apprécier, celui auquel je fais discrètement allusion, et je suis heureux de présenter ainsi l'hommage de ma respectueuse gratitude. Eh bien ! non ; les difficultés qui pourraient résulter d'un langage étranger, et d'habitudes très-différentes, à ce qu'il paraît, des nôtres, m'effrayèrent ; et après avoir à bien des reprises ouvert et fermé, pour l'ouvrir et le fermer encore, le *Guide* que déjà j'avais acheté à cette intention, je dus le mettre définitivement de côté, pour aller peut-être l'y chercher quelque jour, s'il plaît à Dieu.

L'idée d'un nouveau voyage en Suisse, qui celui-là, plus plein d'attraits, devait être au mois d'août 1881 l'objet de mes préférences, succéda à la pensée d'une excursion en Hollande ; mais elle n'était pas alors encore assez mûre apparemment, puisque je l'abandonnai à son tour, pour la reprendre un an plus tard, et cette fois y obéir ; et comme il arrive souvent, ce fut un troisième larron qui l'emporta sous la forme d'aimables parents qui, allant passer une saison aux bains de mer, m'y entraînèrent à leur suite par leurs instances et l'agréable perspective d'un séjour auprès d'eux, plein de charmes et d'affectueuses attentions ; et ainsi je me décidai pour ce que j'appellerais volontiers un voyage de raison. Je me hâte d'ajouter que, pour n'avoir point été tout à fait au début un voyage d'inclination, habitué que j'étais à passer autrement mes vacances, il n'en a pas moins été, sous tous les rapports, absolument heureux. Je fus cependant jusqu'au moment du départ, que je dus effectuer seul, Edmond, retenu par une indisposition, n'ayant pu venir me rejoindre que deux jours plus tard, agité de telles hésitations, qu'en présence d'auspices aussi incertains un païen se serait certainement demandé si, en s'éloignant ainsi, il ne luttait pas contre un destin contraire; et moi-même, tant que je ne fus pas rentré à Orléans, je ne pus bannir de mon esprit une secrète inquiétude, qui par bonheur ne fut pas justifiée. Grâces soient donc rendues au ciel, qui cette fois, comme dans les deux autres voyages dont je parlerai bientôt, a béni mon absence et mon retour, et en même temps à ceux dont l'hospitalité empressée nous a comblés de soins et de cordiales prévenances!

Donc, le 29 août 1880, je prenais à dix heures un quart du soir l'express de Bordeaux, et sans avoir à noter autre chose qu'à mon passage à Blois les derniers échos des fêtes qui s'achevaient en l'honneur de Denis Papin, j'arrivais à Angoulême à quatre heures du matin. Là je quittai la ligne d'Orléans pour celle autrefois des Charentes, dépendance aujourd'hui du réseau de l'État, aussi désertes l'une que l'autre à pareille heure, et offrant cette physionomie, singulière par son contraste avec l'animation de la journée, que présentent la nuit les gares de chemins de fer : de rares employés à moitié endormis, bâillant et s'étirant, et des becs de gaz solitaires éclairant comme à regret des salles vides et des quais silencieux; et je montai dans le wagon qui à chaque train, partant d'Angoulême en correspondance avec un autre allant à Royan, et réciproquement, fait la navette entre les deux villes, pour éviter aux voyageurs un double transbordement, à Beillant d'abord, puis à

Pons. Je passai alors successivement à Châteauneuf-sur-Charente, Jarnac, Cognac, cheminant souvent entre de vastes espaces dénudés qui étaient d'opulents vignobles avant que le phylloxera y eût promené ses ravages, puis à Beillant; prenant enfin, à Pons, petite ville d'une certaine importance, dans une belle position, sur le versant d'une colline, la ligne de la Seudre, j'arrivai à Royan à dix heures du matin.

Avant d'être ce qu'il est devènu, une station de bains de premier ordre, Royan est demeuré longtemps un bourg sans importance, perdu sur un rocher, et ce n'est que par de prodigieux accroissements successifs qn'il est arrivé à sa splendeur actuelle, progrès qu'un de ses enfants, M. Eugène Pelletan, a racontés dans son livre: *La naissance d'une ville*, et dont le pays natal de l'illustre écrivain sénateur lui est quelque peu redevable, par la célébrité qu'il a contribué à lui acquérir. Il lui reste cependant encore un pas considérable à faire, et jusqu'ici une chose manque à sa gloire : le droit d'échanger son titre un peu modeste de chef-lieu de canton pour la qualification bien autrement sonore de sous-préfecture. Cela se produira peut-être, grâce au haut patronage que Royan peut invoquer. En attendant et dès aujourd'hui, le hameau de pêcheurs du XVIe siècle est une petite cité, avec tout ce que comporte la présence des quarante mille étrangers qui y viennent chaque année : deux églises, l'ancienne paroisse Saint-Pierre, aujourd'hui réservée aux indigènes, et une nouvelle Notre-Dame, au centre des quartiers modernes, fréquentée de préférence par la colonie balnéaire ; des marchés abondamment pourvus ; des quais, des promenades où s'installe au commencement de la saison, pour durer tout l'été, une sorte de foire permanente ; jusqu'à une galerie couverte appartenant tout entière au même industriel, et où se vendent à peu près au complet les denrées nécessaires à l'existence. Quand à cela j'aurai ajouté ce qu'on trouve dans une ville généralement quelconque, comme on dit en procédure, et en plus pas de monuments, mais une aimable compagnie, un Casino, la Gironde ou, si l'on veut, la mer, des endroits enfin ou, si l'on aime mieux, des prétextes d'excursions suffisants, on comprendra que Royan soit pour un mois, même au besoin pour deux, un agréable gîte. De ces différents éléments de prospérité je vais maintenant dire un mot.

Un des principaux mérites de Royan, c'est que chacun s'y arrange et s'y comporte absolument à sa guise, sans avoir ni à s'assujettir contre son gré à une sorte de régime cellulaire, avec solitude obligée, ni à subir malgré lui le supplice bien pénible parfois des sociétés forcées. On mènera, suivant qu'on le préfère, ou la grande existence, ou la vie de famille, avec ou sans un cercle plus ou moins restreint d'amis anciens ou d'occasion. J'étais appelé, bien entendu, à pratiquer celle-ci, et je n'ai eu qu'à m'en féliciter. Vient alors le Casino, dans le parc duquel, sous de frais ombrages ou à travers des allées sinueuses on se promènera, le jour, ou l'on ira lire son journal sous le kiosque qui domine le cours de la Gironde ; le soir s'ouvriront les salles de bal ou de concert, ou la scène sur laquelle on donnera des représentations convenablement réussies.

C'est ensuite le côté balnéaire : or, on se baigne à Royan sur trois plages, que le langage du pays appelle des conches, celles de Royan, de Faucillon et de Pontaillac, toutes plus ou moins en pente douce, et d'un sable fin chauffé à mer basse par le soleil. Seulement la première est plutôt une baie de la Gironde, dans laquelle, au moment du reflux, l'eau se retire au loin, et même, à la marée, la lame expire doucement dans le vaste enfoncement que forment d'un côté l'entrée du port et de l'autre une forêt de pins. Dans les deux autres conches, la dernière surtout, le flot déferle assez violemment, et pour peu que le vent souffle plus fort, la mer devient brutale et dangereuse, et brise avec fracas sur les rochers. A Pontaillac vont de préférence ceux qui aiment à vivre largement. Qu'ajouterai-je à présent, qui n'ait été beaucoup mieux dit déjà et répété cent fois, de ces plages où tous et toutes se baignent à la fois, égaux et égales devant la lame ? Ici une forme légère qui, après avoir plongé hardiment, fend les eaux qui semblent s'entr'ouvrir sur son passage, laissant à peine derrière elle un sillage aussitôt effacé ; là une masse bien plus majestueuse, qui aborde timidement l'onde amère, et au contact pesant de laquelle, comme dans le récit de Théramène, avec une variante :

Le flot qui *la reçoit* recule épouvanté.

Partout des enfants qui s'ébattent joyeusement sur la grève ; puis, après le bain, tout cela regagnant d'un air assez piteux sa cabine ou son gîte, dans le costume aquatique que l'on sait.

Arrive à son tour le chapitre des relations extérieures, peu chargé celui-là, car les environs immédiats de Royan sont monotones et manquent de verdure, et il ne faudrait pas aller y chercher dans des courses au dehors des distractions bien variées. Il y en a cependant quelques-unes : telle est une intéressante promenade à pied jusqu'à Saint-Georges de Didonne, à quatre kilomètres à l'ouest ; on suit des sentiers pratiqués à travers les bois domaniaux de pins qui bordent la grande conche ; on monte à la pointe de Valière, toujours battue par les lames, trouée par elles et fouillée en tous sens, et de là on embrasse Royan tout entier, le fer à cheval gracieux formé par la baie que l'on vient de quitter, et à l'extrême droite les falaises de Pontaillac. On continue alors, et l'on atteint un petit port de pêcheurs et une anse isolée où se retirent dans quelques chalets les baigneurs qui, par circonstance ou par goût, fuient le bruit et la foule : c'est Saint-Georges.

Du même côté une excursion plus longue est celle-ci : par des forêts d'yeuses et de chênes-liéges on va jusqu'à Suzac. Là un promontoire s'avance dans la rivière ; un phare le couronne, et un petit fort croise ses feux avec ceux de Royan et du Verdon, défendant à eux trois l'entrée de la Gironde. Puis, près d'un autre petit bourg, s'ouvrent les excavations dites trous de Meschers, une rangée de grottes creusées de main d'homme dans la falaise, et distribuées sur la façade d'un rocher perpendiculaire, à quarante pieds au-dessus du fleuve qui en baigne la base. On y descend du sommet, et l'on circule d'un orifice à l'autre par une rampe étroite sans parapet taillée dans le roc, au risque d'être précipité dans l'abîme. Un marais d'une lieue de longueur, que la route traverse sur une digue, sépare Meschers d'un troisième village, Talmont, qui occupe un rocher sur la Gironde et le recouvre tout entier. Poste stratégique important au moyen âge, puisqu'il commandait le cours de la rivière, ce n'est plus aujourd'hui qu'un groupe de maisons jadis resserrées par un mur d'enceinte. Le château d'autrefois a disparu ; mais il est resté une chapelle romane bâtie sur une pointe escarpée sans cesse minée par la mer, et dont on peut à peine faire le tour par un étroit sentier.

En descendant la Gironde, il est un autre but d'excursion, nue et ensoleillée celle-là. Je ne parle pas du va-et-vient continuel d'entre Royan et Pontaillac, soit par la route de voitures, soit bien plus agréablement le long des anfractuosités dont la côte est déchiquetée; mais au-delà de la conche et de son phare porté par une charpente en bois d'une construction hardie, on dépasse successivement plusieurs criques séparées par des promontoires, et bientôt on atteint, à huit kilomètres de Royan, l'ancien fort de Terre-Nègre. Là une buvette champêtre permet de se rafraîchir; puis on visite une bizarrerie qu'un caprice de la nature a jetée sur ce rivage, le puits de Lauture, un trou dans le rocher où la mer, quand elle clapote avec un peu d'entrain sur la falaise, lance sa lame en une fusée d'écume par laquelle on prend plaisir à se laisser éclabousser. On voit alors sur la droite se développer en demi-cercle les plages de la Grande-Côte et de la Barre-à-l'Anglais, jusqu'aux dunes de l'embouchure et à la pointe de la Coubre, terribles grèves tristement fécondes en désastres, où les flots déferlent toujours avec violence, même quand la mer est calme, et qu'elle couvre d'horribles épaves en ses jours de colère. En même temps, en face, se détache dans toute sa splendeur sur l'azur du ciel, entre les deux passes de la rivière, dont les vagues mugissent sur l'îlot rocheux qui en forme la base, la tour au sommet de laquelle s'allume chaque soir le phare de Cordouan, à 72 mètres de hauteur.

Un autre jour, on ira, soit en voiture par Pontaillac, en traversant des forêts de pins, soit en chemin de fer par Saujon, manger des huîtres à la Tremblade, à moins qu'on ne préfère aller jusqu'à Marennes les déguster sur place, en franchissant en bateau l'estuaire de la Seudre. On remarquera alors les claires où s'engraisse le savoureux mollusque, et les marais salants découpés en carrés, sur le fond et les bords desquels les eaux, en s'évaporant aux rayons du soleil, déposent leurs sédiments.

Une dernière excursion qui, celle-là, devient presque un voyage, est celle de Bordeaux ; je conseille de la faire comme je l'ai accomplie moi-même, à l'aller par la Gironde, au retour par le chemin de fer du Médoc et le bateau du Verdon à Royan. On part donc à sept heures du matin, et bientôt on double les pointes de Meschers et de Talmont. Le vapeur présente alors le flanc aux lames qui arrivent de l'embouchure; un léger tremblotement qui l'agite répand parmi les personnes ennemies du mal de mer une certaine inquiétude, et pour y faire diversion babil et crochet font rage sur les lèvres et sous les doigts des craintives passagères. On en est toutefois ordinairement quitte pour quelques minutes d'émotion, et l'on peut à son aise embrasser du regard le fleuve magnifique, qui, à cet endroit de son cours, atteint sa plus grande largeur. C'est ensuite un petit port, Mortagne; puis on se rapproche de la rive gauche, et l'on découvre plusieurs des habitations princières qui entourent les grands vignobles du Médoc. On passe ainsi à Pauillac, non loin des vastes bâtiments du Lazaret, et de là à Blaye, devant la citadelle œuvre de Vauban, où fut détenue en 1832 la duchesse de Berry, sous la garde de celui qui fut plus tard le maréchal Bugeaud, duc d'Isly. Le passage du fleuve est défendu, en outre, par le fort Médoc, à droite, et le fort Pâté, au milieu de la rivière.

Puis, après avoir touché à plusieurs villages et longé la base de falaises où s'ouvrent de profondes carrières servant en partie d'habitations, le bateau atteint au Bec-d'Ambez, une pointe plantée d'arbres où la Dordogne se réunit à la Garonne pour former ensemble la Gironde, et c'est à travers des rives désormais plus rapprochées que, continuant sa marche, il s'arrête à Bordeaux. Il est plus de midi, car le seul inconvénient de cette navigation fluvio-maritime est d'être un peu trop longue. Ceux qui ne connaissent pas la grande et belle cité s'arrangent pour y rester le temps nécessaire, au risque presque certain de devenir la nuit la proie d'insectes redoutables dont sont peuplés à peu près tous les hôtels ; ceux, au contraire, qui comme moi ne sont venus que pour goûter le charme du parcours, se mettent en mesure de rentrer le soir même à Royan par le chemin de fer du Médoc.

Ce seront alors, au sortir de la gare, des prairies et des jardins maraîchers ; puis, à Blanquefort, ou, si l'on veut, dix kilomètres au delà, à Macau, commencera la région du Médoc. La voie traversera donc des vignobles admirablement tenus, entourant des châteaux magnifiques, Margaux, Saint-Julien, Château-Latour, Château-Lafitte, Saint-Estèphe ; j'en passe, et de fort bons encore, bien que ceux que je viens de nommer soient les meilleurs. A partir de Lesparre, et à mesure qu'on s'en éloignera, aux grands clos succéderont des pâturages, des moissons, et plus tard, aux abords de Soulac, des dunes boisées. Le tracé du railway se sera ici rapproché de la mer, et là devront descendre de voiture ceux qui voudront s'arrêter dans ce charmant village de Soulac, dont tous les jours la prospérité se développe, et sinon s'y baigner dans les flots de l'Océan, presque toujours irrités sur cette plage découverte, du moins visiter près de là une église des XIIe et XIIIe siècles, ensevelie un jour dans les sables avec les habitations qui l'avoisinaient, et complètement déblayée aujourd'hui, Notre-Dame-de-la-Fin-des-Terres. Les autres voyageurs continueront leur route, et bientôt ils atteindront au milieu d'une forêt une dernière station, le Verdon. Ce ne sera cependant point encore là le port où ils trouveront le bateau qui les ramènera à Royan ; il leur faudra monter dans un nouveau train, composé cette fois de tramways à traction de chevaux, et c'est par un trajet pittoresque, en s'enfonçant sous des allées ombreuses pratiquées à travers d'épaisses plantations de pins, qu'ils arriveront à la pointe de Grave, où ils s'embarqueront enfin le long d'une des jetées par lesquelles, après beaucoup d'efforts, on est parvenu à mettre un terme aux envahissements incessants de la mer, à cette extrémité sablonneuse de la presqu'île du Médoc où la Gironde se perd dans l'Océan.

De Royan à Nantes.

Ainsi s'écoulèrent rapidement pour nous deux semaines d'une hospitalité pleine de charmes ; il était temps désormais de songer au retour. Afin de varier notre itinéraire, et en même temps pour connaître un peu les côtes de l'Océan, de la Gironde à la Loire, j'avais décidé que nous reviendrions par la Rochelle et Nantes. Le 13 septembre donc, par une voiture qui fait le service entre Royan et Rochefort, nous allâmes gagner la deuxième de ces villes. On traverse alors un pays peu accidenté, qui permet de découvrir constamment, sur la gauche, à l'extrémité d'un assez vaste horizon, la flèche élancée du clocher de Marennes, des plaines coupées par quelques bouquets de bois, parsemées de villages parmi lesquels je nommerai Saujon, le Guâ, Saint-Jean-d'Angle, Saint-Agnant. On rencontre ensuite, près d'un autre petit bourg, Echillais, le canal de dessèchement de Brouage. La route à cet endroit devient tout à fait triste et nue, pratiquée au milieu d'anciens marais en partie livrés à la culture, mais restés peu salubres; elle ne tarde pas à atteindre la Charente, que l'on franchit à son tour sur un bac remorqué par un petit bateau à vapeur, et bientôt après se montrent de hautes cheminées et des mâts de navires.

Bâtie sur la rive droite de la Charente, à quinze kilomètres de l'embouchure de cette rivière, Rochefort, où l'on arrive ainsi, est une ville de 27,000 âmes environ, de création encore relativement récente, puisqu'elle date seulement du siècle de Louis XIV; aussi le touriste n'y trouvera-t-il ni des monuments du moyen âge, ni ces passages étroits et sombres qui serpentaient autrefois autour des châteaux et des églises. Ici toutes les rues sont larges et alignées, et se coupent à angle droit, dix dans le sens de la longueur et quatorze dans le sens de la largeur; plusieurs sont plantées de peupliers et d'acacias, presque toutes sont arrosées par des fontaines qu'alimente la rivière. De son côté, vers le centre de la ville, l'esplanade Colbert est une véritable figure géométrique, d'une régularité désespérante, un vaste parallélogramme de 100 mètres sur 40, avec quatre rangées d'arbres au milieu desquelles un groupe représente l'Océan et la Charente mêlant leurs eaux et se donnant la main. On comprend qu'avec une pareille uniformité une ville offre un aspect monotone; en outre, à l'origine les habitants de ce qui devint Rochefort étaient pauvres; ils ne purent élever que des maisons de chétive apparence sur les terrains qui leur furent concédés, quelque chose d'analogue probablement à ce que nous voyons à Orléans dans les nouveaux quartiers, et si la plupart de ces logis primitifs ont aujourd'hui disparu pour faire place à des constructions plus dignes, il en reste encore quelques-uns.

Aussi ne vient-on à Rochefort que pour voir les établissements maritimes. On y pénètre alors par une ouverture d'un effet imposant, la porte du Soleil, et on en parcourt avec intérêt les différents détails; toutefois, ils sont bien loin des arsenaux similaires de Cherbourg, Brest, et même Lorient (je ne dis rien de celui de Toulon, que je ne connais point; mais je pourrais, je crois, l'ajouter de confiance). Il semble surtout qu'ils aient été laissés en arrière, quant aux progrès accomplis dans l'art nautique; c'est d'ailleurs aux cinq à six mille ouvriers qu'occupent habituellement les travaux du port que la ville doit le peu d'animation qu'elle présente à certaines heures de la journée. Rochefort enfin est une place de guerre d'une notable importance, entourée d'une enceinte en dehors de laquelle se développe une des dépendances des établissements militaires, l'hôpital de la marine, vaste hospice de treize cents lits pouvant être augmentés de beaucoup au besoin, magnifiquement installé. En face le cours d'Ablois offre aux visiteurs, et sans doute aussi aux convalescents, les ombrages de ses six allées d'arbres; deux autres assez belles promenades sont celles des jardins public et botanique, derrière la préfecture maritime.

Un railway compris dans le réseau de l'État, et formant une section de la ligne qui relie directement Nantes et Bordeaux, aboutit de Rochefort à la Rochelle, en longeant de plus ou moins près la mer ; on s'en rapproche tout à fait aux abords de cette dernière ville, et alors on découvre en arrière l'embouchure de la Charente, la suite des côtes, les îles d'Oléron et d'Aix, et à gauche, en avant, l'île de Ré. Bien différente de sa voisine, la Rochelle a dans les siècles passés une histoire, et son aspect s'en ressent: non seulement les rues sont bordées de porches ou galeries en arcades qui à l'attrait du pittoresque joignent une utilité pratique, en mettant les piétons à l'abri des intempéries de l'atmosphère, très-fréquentes sur ces côtes de l'Océan (nous l'avons constaté par nous-mêmes); mais encore la plupart des anciens monuments sont restés debout, l'hôtel de ville entre autres, sorte de forteresse à l'extérieur, mais orné de riches sculptures, et que malheureusement rien n'annonce au dehors, dérobé qu'il est aux regards par une muraille élevée, et trahi uniquement par le toit en poivrière d'une élégante tourelle ; ensuite la porte de l'Horloge, coupée d'une arcade pour livrer passage à la rue du Palais, édifice des XIVe et XVe siècles, surmonté d'un dôme d'un assez bel effet. Une seconde, la tour de la Lanterne, a conservé la pyramide de pierre au sommet de laquelle on allumait jadis le fanal destiné à guider les navigateurs. Deux autres, à l'aspect délabré et quelque peu ruiné, donnent à la ville, du côté de la mer, une physionomie antique qui ne manque pas d'originalité.

Entre elles s'enfonce et pénètre vers l'intérieur des terres le port, ayant 6 mètres d'eau à la marée, mais complètement à sec quand arrive le reflux, et les vaisseaux reposent alors sur un fond vaseux. Au delà un petit golfe forme l'avant-port; on y a construit une longue jetée dont le but est de rompre l'effort des lames, et qui en même temps constitue une agréable promenade, tant sur cette étroite chaussée elle-même que dans des allées plantées de tamaris qui la bordent à gauche. Qu'on ne s'y aventure pas cependant quand la brise souffle avec violence, car on courra grand risque, sinon d'être enlevé soi-même, du moins de voir les basques de son habit tourbillonner, les poches se vider de leur contenu, et les choses qu'elles renfermaient s'éparpiller çà et là, si elles ne vont pas s'engloutir dans les flots. Ce petit accident m'est arrivé; j'ai failli perdre ainsi des objets auxquels je tenais, et j'ai dû me lancer à la poursuite des fuyards, heureux d'avoir pu faire réintégrer à tous le domicile dont ils venaient d'être expulsés par la force.... du vent. De l'autre côté de la baie sont des établissements de bains qui jouissent d'un assez grand renom ; seulement, car là aussi il y a un seulement, encore un avis : en fait de sable, la plage n'y peut offrir aux jeux des enfants et aux pieds délicats de leurs mères que d'énormes galets, à l'inconvénient desquels, il est vrai, on a essayé d'obvier par un plan incliné pavé de larges dalles. C'est plus avant vers l'entrée du golfe, qui à cet endroit n'a guère que trois kilomètres de largeur, qu'avait été établie d'une rive à l'autre, pendant le siége de 1628 et par les ordres du cardinal de Richelieu, la fameuse digue qui achevait d'isoler la Rochelle, en lui coupant toute communication avec la flotte anglaise envoyée au secours de la cité huguenote ; on en voit encore les débris quand la mer est basse.

Nous avions désormais à nous diriger sur Nantes. Au départ de la Rochelle la voie traverse des prairies ; elle oblique ensuite fortement à droite, et évitant par ce détour les marais qui s'étendent de Marans à Luçon, elle en contourne la lisière ; puis elle s'engage dans le Bocage vendéen, et ainsi elle arrive à la Roche-sur-Yon. Si j'ai dû constater que j'avais trouvé à Rochefort une ville triste et monotone par l'abus de la régularité, que dirai-je de celle que je viens de nommer? La sous-préfecture de la Charente-Inférieure serait presque un séjour folâtre, comparativement au chef-lieu de la Vendée. Napoléon Ier en décréta la fondation en 1805, sur les ruines de l'ancien château de la Roche-sur-Yon, et c'est en définitive du vieux manoir féodal que la nouvelle ville impériale devait porter le nom, après ceux par trop politiques, en notre pays de révolutions périodiques, de Napoléon ou de Bourbon-Vendée. On se mit donc immédiatement à l'œuvre, et tout fut entrepris à la fois ; or, c'était le moment où le goût architectural fut le plus perverti en France, et il en résulta quelque chose d'un genre abominable : un périmètre beaucoup trop étendu pour une population de moins de 10,000 habitants ; des rues pour la plupart désertes, tirées au cordeau, à peine pavées, larges à permettre à une compagnie d'infanterie d'y défiler tout entière de front, longues à l'avenant, bordées de maisons vulgaires ou d'immenses hôtels qu'occupe la noblesse vendéenne, ou de murs de jardins ; deux ou trois monuments, l'église, la mairie, bâtis dans le style de l'époque, c'est assez dire massifs et disgracieux ; deux places aussi peu animées que le reste, ornées chacune d'une statue, l'une de Napoléon Ier, — naturellement, — l'autre d'un guerrier quelconque, un certain général Travot, m'a appris plus tard mon *Guide* (des enfants qui jouaient autour du piédestal n'avaient pas su nous le nommer), voilà la Roche-sur-Yon. Et que sera-ce si, comme nous, on voit tout cela par une pluie battante? On n'aura d'autre ressource alors que de déguerpir au plus vite; malheur donc aux fonctionnaires qu'aura conduits dans un pareil poste leur mauvaise étoile, et aux touristes qu'auront obligés à le prendre pour gîte les nécessités du voyage!

Ce dernier cas était le nôtre; je voulais, en effet, aller non loin de là passer quelques heures aux bords de l'Océan, sur une plage qui manquait encore dans ma collection de souvenirs, et je ne pouvais pour cette excursion prendre d'autre base d'opération que la Roche. On aura compris que c'est des Sables-d'Olonne qu'il s'agit. Je m'en représentais d'ailleurs exactement le site, d'après les dessins qu'à chaque saison de bains une publicité, j'allais dire une réclame active, en promène partout, depuis les pages de l'*Indicateur des chemins de fer* jusque sur nos murailles : une courbe gracieuse, couverte d'un sable fin, celle-là, et qui, descendant en pente douce vers la mer, se développe en arc de cercle sur un espace de plus de 1,500 mètres, bordée par une terrasse tout le long de laquelle s'élève pour la colonie étrangère une rangée d'élégantes constructions, tandis que derrière s'étend la ville indigène, avec une certaine distinction, elle aussi. Tel était dans ma pensée l'aspect des Sables, et tel je l'ai trouvé. Aujourd'hui donc que je puis esquisser cette plage magnifique en témoin oculaire, elle n'a pas déchu dans mon esprit, et je la classe à un rang des plus honorables dans ce que je pour rais appeler la section balnéaire de mes tablettes de voyage.

De la Roche-sur-Yon à Nantes, on est en plein Bocage, et à chaque instant se présentent des souvenirs des guerres de la Vendée. En même temps le paysage est très-accidenté : des parcours boisés, des cours d'eau, des plaines se succèdent ; à Clisson particulièrement, la vallée de la Sèvre offre des sites vraiment délicieux. Puis on arrive à la Loire, et des viaducs sur lesquels on franchit le large lit du fleuve se déroule le panorama imposant de Nantes. Nous ne devions ce jour-là qu'y passer ; je comptais en effet profiter de l'occasion qui m'était donnée d'aller au Pouliguen, peut-être même au Croisic et à Guérande, voir les développements qu'avaient pris sans doute, par suite de l'établissement du chemin de fer, ces différentes localités, que déjà je connaissais, mais où je serais retourné avec plaisir ; j'aime assez à faire de ces petites études comparatives. Revenus ensuite à Nantes, nous nous y serions arrêtés pour visiter la ville un peu en détail, et s'il avait été possible, nous aurions poussé jusqu'à Pornic, pour compléter ainsi notre tournée des bains de mer de l'Océan. Malheureusement, les circonstances n'ont pas permis à ces plans d'aboutir, et ils se sont réduits à un séjour d'une journée au Pouliguen, de quelques heures à Nantes.

Je ne dirai donc qu'un mot de cette fin de notre voyage : c'est que je n'ai trouvé nulle part des changements bien notables. Le Pouliguen, entre autres, est resté à peu près ce que je l'avais vu, avec quelques chalets en plus, un village aux proportions modestes n'offrant pas, au point de vue de l'existence, plus de ressources qu'autrefois, ni surtout à ceux qui voudraient s'amuser des distractions plus variées, assez agréable séjour cependant pour la vie de famille, partagée qu'elle peut être plus facilement aujourd'hui, grâce à la voie ferrée, entre le Pouliguen lui-même et les stations voisines, Batz, le Croisic, Guérande, une autre encore qui, pour le dire en passant, m'a paru avoir le plus progressé, Portnichet, plage déserte et impossible il y a dix ans, à présent site assez gracieux au milieu des pineraies. Quant à Nantes, nous n'y sommes restés que trois heures, juste le temps de parcourir la ville en voiture, et de revenir dîner au buffet de la gare. Nous les avons employées à voir les beaux quartiers de la rive droite, en particulier dans la cathédrale Saint-Pierre le tombeau de François II, duc de Bretagne, et de Marguerite de Foix, sa seconde femme, et celui non moins célèbre du général de la Moricière, et de là sur la rive gauche la longue chaîne de ponts en ligne continue sur lesquels on franchit les six bras que forme à Nantes la Loire, ou plutôt l'Océan, car, malgré ses affluents, où notre pauvre fleuve aride et desséché trouverait-il assez d'eau pour couvrir tant d'espace? Puis à sept heures et demie du soir nous avons pris l'express, qui devait, le lendemain matin à trois heures, nous déposer à Orléans.

LE NORD DE LA FRANCE
ET DE LA BELGIQUE

(Juillet 1881)

LE NORD DE LA FRANCE

ET DE LA BELGIQUE

(JUILLET 1881)

Lille. — Tournai.

Les exigences du service me forçaient en 1881 à diviser en deux mon congé; une absence de longue haleine me devenait ainsi difficile. Je résolus donc d'aller seul en juillet faire en Belgique une première excursion, que je reprendrais au mois d'août avec mon fils Louis, pour l'achever alors et visiter ensuite la Hollande, à moins que, n'ayant pu me décider à ce second voyage, j'en fisse un deuxième en Suisse. C'est à ce dernier parti que je devais m'arrêter, comme je l'ai déjà indiqué. Sans doute il y aurait pour moi un intérêt moindre à retrouver des sites que je connaissais; mais mon jeune compagnon de route les verrait avec plus de charme que ceux moins attrayants des Pays-Bas. J'aime assez d'ailleurs retourner dans une contrée où déjà je suis allé. Non seulement on sait alors quel meilleur hôtel il faudra choisir de préférence, de quel endroit on découvrira le plus imposant point de vue ; mais encore, de même qu'à une seconde audition des beautés musicales que l'oreille n'avait pas saisies d'abord s'en emparent et la captivent, de même à un nouveau voyage apparaissent bien des détails qui, lors d'un premier, avaient échappé au touriste ahuri, ne sachant où donner de la tête, et dont il n'avait retenu que le souvenir d'un ensemble un peu confus. Je vais essayer, de ces deux excursions, un récit qui en sera le reflet fidèle, rapide et à grands traits pour la Belgique, où toutes choses se ressemblent sous certains rapports, et présentent d'ailleurs pour la plupart un caractère artistique pour l'appréciation duquel je ne fais aucune difficulté de reconnaître mon incompétence absolue, *ratione materiæ... et personæ*, plus complet, je l'espère, et moins sérieux pour la Suisse, où le sujet se prêtera davantage aux incidents et à la variété.

Mon itinéraire pour la Belgique était celui-ci : Lille, Gand, Bruges et Ostende, avec retour par Dunkerque, Calais et Boulogne. Je regrette aujourd'hui de n'y avoir pas compris Bruxelles et Anvers ; mais à cette époque je n'avais pas encore renoncé à la pensée d'un voyage en Hollande, et j'avais réservé ces deux villes comme devant alors se rencontrer sur mon chemin. Quant à la région qui avoisine la Meuse, ceux de mes lecteurs qui n'ont pas oublié tout à fait mon livre de 1879, *Les Bords du Rhin,* se souviennent peut-être que je l'ai visitée cette année-là, de sorte que je me serais trouvé avoir vu la Belgique tout entière. Le parcours que je m'étais tracé restait ainsi peu étendu ; mais ce commencement de mes vacances était assez restreint, et la première série de chaleurs que nous amena le mois de juillet devait encore l'abréger, en retardant mon départ de quelques jours. La température s'étant néanmoins un peu adoucie, je me décidai à me mettre en route le jeudi 9 juillet, et m'étant rendu à Paris, je pris à la gare du Nord mon billet pour le train de Lille, de six heures dix minutes du soir. J'eus alors la naïveté de me laisser parquer dans la salle d'attente, et je la voyais se vider peu à peu, bien que les portes ouvrant sur le quai d'embarquement demeurassent closes impitoyablement ; en même temps le train s'emplissait à vue d'œil, et il devenait bondé de voyageurs. Je me fis enfin donner, mais trop tard pour qu'il me fût loisible d'en profiter, l'explication du phénomène : il suffit, là comme partout, d'avoir de l'audace. On se présente devant les comptoirs des bagages ; on demande à passer sous un prétexte quelconque, et le tour est joué ; l'on n'a plus qu'à choisir commodément sa place, à la barbe des autres. Avis donc à vous, ô lecteurs, qui deviendriez les clients de la Compagnie du Nord.

Le tracé jusqu'à Creil est commun à toutes les lignes du réseau ; je l'avais donc suivi lors du voyage auquel je faisais allusion tout à l'heure, mais de nuit, et ainsi je n'avais pu en dire quelques mots que de confiance. Aujourd'hui qu'il m'est possible de parler *de visu*, je proclame, à l'honneur de mes *Guides,* ma description absolument exacte. Je me bornerai par conséquent à rappeler les sites que j'ai nommés alors : la forêt de Chantilly, les tranchées de Saint-Maximin, les vallées et les viaducs de la Thève, de la Nonette et de l'Oise. Au passage un tableau plein de charme, mais triste pour moi par le contraste, s'est offert à ma vue et gravé dans ma mémoire. Au devant d'une maison de plaisance baignée dans la verdure, encadrée de grands arbres, plusieurs personnes prenaient le frais, sans doute après dîner. « Que ces gens semblent heureux, pensai-je en soupirant, et que surtout ils sont sages de rester chez eux à goûter tranquillement les joies de la famille, au lieu de s'en aller, comme je le fais, bien loin jusque sur la terre étrangère ! » Pendant cet emps-là, peu sensible au paysage, mon voisin de gauche bâillait à se démettre la mâchoire.

A Creil, la voie, laissant à droite la ligne qui par Maubeuge et Charleroi s'en va gagner Liége et Cologne, oblique au nord-ouest vers Breteuil, Clermont-sur-Oise, et de là vers Amiens, ou mieux vers Longueau, station qui pour cette dernière ville, du moins quant aux trains allant sur la Belgique, est ce que sont pour nous les Aubrais. Ici elle se bifurque, et tandis qu'une branche, qui celle-là dessert Amiens, s'éloigne vers Abbeville et Boulogne, une autre que je continuais à suivre par Corbie et Albert se dirige sur Arras et ensuite sur Douai. Pratiqué d'abord généralement à travers des prairies, le railway longeait à présent des marais tourbeux, et il allait aborder les terrains du bassin houiller français du Nord. Au moyen d'un nouveau branchement, le train atteignit bientôt Pont-de-la-Deule, près des mines de l'Escarpelle, puis des stations manufacturières et industrielles, Carvin, Seclin, Wattignies, et il ne tarda pas à s'arrêter à Lille. Il était dix heures et demie; nous avions en un peu plus de quatre heures, avec six haltes seulement, franchi les deux cent cinquante kilomètres qui maintenant nous séparaient de Paris.

Les rues de Lille, à cette heure avancée, étaient presque désertes, aux abords tout au moins de l'hôtel de l'Europe où je me suis fait conduire; mais il en est autrement durant le jour, et une grande animation règne alors dans cette vaste cité de plus de 160,000 habitants. Plusieurs lignes de tramways, dont l'une des plus fréquentées dessert Roubaix et Tourcoing au moyen de machines à vapeur, la sillonnent en tous sens, rayonnant autour de la place principale, dont une colonne commémorative du siége de 1792 occupe le centre; sur un des côtés s'élève un assez curieux édifice du XVIIe siècle, la Bourse. Lille, d'ailleurs, comme la plupart des villes qui sont vouées surtout au commerce et à l'industrie, a peu de monuments; on y visite cependant de riches musées contenant des tableaux des grands maîtres, et une collection précieuse de dessins de l'école italienne: c'est là, du reste, la constatation générale que désormais j'aurai partout à faire.

Depuis 1858, la superficie de Lille a été plus que doublée par l'annexion de plusieurs des communes voisines. Les anciennes fortifications ont été presque entièrement détruites, et une immense enceinte entoure la ville actuelle ; on a toutefois conservé la citadelle œuvre de Vauban, près de l'Esplanade et d'un vaste jardin public, sur les bords du canal. Du même côté se développent les nouveaux quartiers, percés de larges rues et de boulevards qui se coupent à angle droit, et peuplés de belles constructions, où la brique domine, et alternant avec la pierre, présente un gracieux aspect. Là s'élèvent entre autres les dépendances de l'Institut catholique de Lille et ses vastes annexes. De larges espaces de terrains vagues restent cependant encore compris dans le nouveau périmètre de la ville, et l'on a lieu de craindre qu'en s'étendant ainsi outre mesure, elle ait peut-être un peu trop présumé de ses forces. C'est surtout cette partie de Lille que j'ai eu occasion de connaître, car j'avais à y voir deux personnes, un honorable négociant à qui avait bien voulu me recommander son beau-père, l'un de nos plus aimables concitoyens, sur la demande d'un de mes meilleurs collègues, et le vénérable supérieur de l'établissement que je viens de nommer, un prêtre de notre diocèse, que tout le monde à Orléans se rappelle, estime et apprécie. J'ai eu le regret de ne pas être heureux dans la première de mes deux visites et de ne pas rencontrer chez lui M. X***; mais la porte de l'école Saint-Joseph s'ouvrit avec empressement devant moi. M. l'abbé B*** me fit gracieusement les honneurs de son riche domaine; nous causâmes assez longuement ensemble des choses d'Orléans, et, je l'avouerai franchement, cette entrevue me fut salutaire, car, le dirai-je? quoiqu'au lendemain seulement de mon départ, je me sentais saisi déjà d'un indéfinissable ennui, et si j'avais osé, j'aurais, je crois, repris bien vite le train pour Paris. Il me sembla désormais que j'étais moins seul et moins loin, et le souvenir du sympathique supérieur devint ainsi pour moi une étape, un trait d'union, pour mieux dire, entre Orléans et la Belgique, qui les rapprochait l'une de l'autre.

Je trouvai d'ailleurs à Lille un élément de distraction qui, dans ces premières heures de mon voyage, fit à mes réflexions pénibles une heureuse diversion, dans une excursion à une localité voisine, l'une des plus curieuses de la Belgique, Tournai. Située en effet sur l'Escaut, qui la divise en deux parties, ayant eu dans l'histoire, depuis Childéric, qui y est mort en 481, jusque vers la fin du dernier siècle, un rôle qu'il me serait trop long d'analyser, cette petite ville de 31,000 habitants, si elle est déchue de ses splendeurs passées, reste encore aujourd'hui par ses monuments et quelques-unes de ses maisons un sujet d'intéressantes études. Les connaisseurs saluent notamment dans sa vaste cathédrale Notre-Dame un des plus beaux types de l'architecture romane, malheureusement engagé dans des constructions particulières qui en masquent l'effet : un appareil de cinq tours qui dominent le transept à son milieu, une au centre surmontée d'une pyramide octogonale, cantonnée de quatre petits clochetons, et quatre autres plus élevées à l'entrée des absides du transept, couronnées de petites flèches quadrangulaires, donne à la masse de l'édifice un aspect particulier, majestueux, bien qu'un peu lourd. A l'intérieur je signalerai avec mes *Guides* la nef romane centrale, sombre et sévère, froide et nue; le transept, également d'un caractère austère; le jubé remarquable, en marbre blanc et noir, de l'époque de la renaissance: le chœur enfin, du style ogival, d'une rare élégance de proportions, avec des vitraux modernes. Tournai, en bonne ville belge qu'elle est, a aussi son beffroi, récemment restauré, et dont la base date de la fin du XIIe siècle; mais la flèche est moderne.

Gand. — Terneuzen.

La ligne de Lille à Gand, par laquelle j'ai quitté la France le samedi 11 juillet, a pour premières étapes Roubaix et Tourcoing, deux centres, comme on sait, d'une grande activité manufacturière, ayant l'une plus de 83,000 et l'autre près de 48,000 habitants, dont le nombre augmente tous les jours, à une distance seulement entre elles de deux kilomètres, qu'elles tendent à remplir en se réunissant par leur accroissement successif, de manière à ne plus former pour ainsi dire qu'une seule ville, où la plupart des maisons auront de cinq à six étages; ici, des fabriques de tissus; là, d'immenses cités ouvrières. On parcourt de là encore environ 2,500 mètres sur le territoire français, après lesquels on franchit la frontière, et l'on arrive à Mouscron, première station et douane belges; mais ici, comme pour entrer en Suisse, on n'a pas à redouter la plus petite formalité : chacun sait que ceux-là seuls devront se déranger qui auraient à déclarer des objets assujettis aux droits, et les autres ne bougent pas, ni avec eux leurs bagages. Pour la France, c'est beaucoup moins simple, et il faut apporter sur une sorte de comptoir, dans une des salles de la gare, ses colis, pour les soumettre à la visite, heureux si le douanier ne bouleversera pas les effets qui s'y trouvent et qu'on a souvent eu bien de la peine à entasser, et si l'on n'aura pas à les remettre en place ou à peu près en toute hâte. Puis on est laissé sous clé, jusqu'à ce que les employés aient achevé de faire subir aux coussins des wagons un branlebas en règle, ce qui permettait de dire devant moi, un jour, à une famille française qui regagnait ses foyers, après avoir voyagé dans quatre ou cinq contrées voisines, qu'elle était obligée de constater, à la honte de sa patrie, que ce n'était qu'en y rentrant que pareille avanie lui avait été infligée : on croirait vraiment que nous sommes le peuple le plus besogneux de l'Europe, à voir le soin qu'on met à faire rendre à l'impôt tout ce qu'il peut produire, comme si l'homme qui fait son métier de la contrebande, ou même le touriste qui veut rapporter de Suisse ou de Belgique, à titre de souvenir, à sa femme ou à sa fille une bande de dentelle, ou à ses amis un peu de tabac ou quelques cigares, tous objets que l'on entend surtout poursuivre, avaient la naïveté de mettre des paquets suspects dans une valise où il sait que se plongera plus ou moins l'œil indiscret d'un agent du fisc. Pour que son inspection fût vraiment efficace, il n'y aurait qu'un moyen devant lequel on recule : fouiller les voyageurs. Jusque-là je me crois suffisamment autorisé à la qualifier d'inutilement vexatoire. Faisons donc plus largement les choses, comme nos voisins, et que l'administration supérieure me permette de lui proposer respectueusement ce vœu : que, tout en laissant subsister en principe l'obligation de la visite, et même en l'accomplissant de temps à autre, pour tenir en haleine les fraudeurs, on veuille bien s'en départir le plus souvent dans la pratique.

Mais pendant que je déblatérais ainsi en moi-même contre la douane, et que je préparais à son adresse la tirade indignée qu'on vient de lire, le train avait filé à travers les plaines, coupées de longues avenues d'arbres, qui font presque invariablement tous les frais du paysage en Belgique ; il avait dépassé Courtrai, et il atteignit enfin Gand par la gare ou plutôt par la *station* centrale, car c'est là l'appellation la plus commune chez nos voisins, d'où je gagnai la place d'Armes, la principale de la ville, vaste parallélogramme planté de marronniers et décoré d'un kiosque. Or, j'arrivais sans le savoir la veille d'un jour de fête : des courses de chevaux allaient avoir lieu, et ce ne fut qu'à un deuxième hôtel, celui de la *Poste*, que je pus me loger. Je vis ainsi Gand bien plus animé qu'il n'est d'ordinaire, paraît-il ; le dimanche notamment, j'assistai au défilé des voitures qui revenaient de l'Hippodrome, et à voir le nombre et la variété des équipages, on se serait cru dans Paris à pareil jour, au retour du bois de Boulogne. Un assez grand nombre de maisons avaient d'ailleurs arboré d'immenses pavillons aux couleurs nationales, noir, jaune et rouge, disposées comme en France ; aussi, quand il a été sali et déteint par les injures du temps, le drapeau belge ressemble absolument au nôtre. Enfin c'était un samedi, qui est en Belgique, et surtout en Hollande, un jour de lavage général, et ce soir-là, en vue de la fête du lendemain, on se livrait avec plus d'ardeur encore que de coutume aux ablutions hebdomadaires, au nom des habitudes aquatiques dont on use et même on abuse dans ces pays de la propreté par excellence ; aussi ne pouvait-on circuler qu'en prenant des précautions contre un véritable déluge.

Le chef-lieu de la province de la Flandre orientale est une importante cité de plus de 120,000 habitants, aux rues pour la plupart tortueuses et étroites, bordées d'habitations ordinairement sans cachet, anciennes et irrégulières, avec des celliers en sous-sol auxquels on accède de l'extérieur par des emmarchements empiétant presque toujours sur la voie publique. Certains quartiers cependant ont au contraire un aspect tout moderne, des avenues droites et aérées, bien bâties, de riches magasins. Assise au confluent de la Lys et de l'Escaut, traversée par cette dernière rivière au moyen de canaux qui la divisent en vingt-six îles reliées l'une à l'autre par un grand nombre de ponts, la ville emprunte à cette situation une physionomie des plus originales; elle possède, d'ailleurs, entre autres industries, des manufactures pour filer, tisser et blanchir le coton, des fabriques de dentelles, etc. Vaste entrepôt, en outre, du commerce des grains, des toiles, des huiles et des graines de Flandre, elle est mise en communication directe avec la mer du Nord par les larges canaux d'Ostende et surtout de Terneuzen, et l'on s'étonne d'y voir dans de profonds bassins de gros navires. Un chemin de fer de ceinture relie, de son côté, les six ou huit lignes qui de là rayonnent dans toutes les directions. Enfin on s'occupe aux environs, avec succès et sur une grande échelle, de la culture des fleurs, et il se tient en ce genre, le dimanche matin, sous les ombrages de la place d'Armes, un marché devant lequel j'aurais bien voulu que d'un coup de sa baguette une fée bienfaisante transportât sur l'aile des vents certaine personne de ma connaissance très-intime, fort compétente en la matière.

A voir à l'extérieur les églises de Gand, on dirait plutôt des forteresses ; mais quand on y pénètre, c'est autre chose, et si alors, sous le rapport de l'architecture, elles continuent à n'offrir rien de remarquable, elles deviennent des sanctuaires de l'art de la peinture, en même temps que de la foi religieuse. Je citerai à ce titre Saint-Nicolas, Saint-Jacques, Saint-Michel, et surtout la cathédrale Saint-Bavon. J'ai entendu dans cette dernière, le dimanche, la grand'messe, célébrée avec pompe et dignité, précédée de l'aspersion faite, non pas avec les goupillons en usage chez nous, ni même avec ceux agrémentés de crins dont sont armés les bénitiers vivants qui montent la garde aux portes des églises de Paris, mais avec un engin qui prêtait à rire, une véritable tête de loup. Il y eut aussi la procession, en tête de laquelle marchait un suisse portant gravement sur l'épaule une masse d'argent, en guise de hallebarde, comme jadis devant les Facultés. J'ai vu là en même temps un usage que je devais de nouveau constater à Bruges, au cours d'une cérémonie funèbre : on distribue à ceux des assistants qui en désirent des cierges allumés, ou plutôt des bougies, et ils vont ainsi à l'offrande, tenant à la main leurs petites chandelles. J'y ai assisté également à la fin de l'office du soir, suivi d'une prédication que j'esquivai prudemment, d'autant plus que je pensais avec raison qu'elle aurait lieu en flamand, qui est le langage le plus généralement usité à Gand comme à Bruges, et le seul employé et entendu par le peuple, les personnes d'une condition plus élevée comprenant seules et parlant en outre le français, ce qui faisait dire à un commissionnaire qui cheminait à mes côtés, portant ma valise, qu'il n'y avait que la troisième classe qui pratiquât la langue du pays. Le drôle, parce qu'il écorchait la nôtre, se considérait sans doute, dans sa superbe outrecuidance, comme étant de la seconde, sinon de la première.

Je visitai alors dans Saint-Bavon les œuvres des grands maîtres dont, parmi les églises de Gand, la cathédrale est la plus riche ; seulement, en Belgique, les temples catholiques, comme dans les pays protestants ceux consacrés au culte réformé, restent à peu près constamment fermés et ne sont guère librement ouverts que le samedi soir, comme *jour de confesse*, me disait le portier de l'hôtel, et le dimanche pendant les offices. Bien plus, même alors, les tableaux les plus remarquables demeurent voilés, et il faut, pour qu'ils soient découverts, la présence d'un sacristain. On ne peut donc chez nos voisins admirer qu'au pas de course et moyennant finance les richesses artistiques dont les églises de leur pays abondent, et qui sont innombrables. Je renverrai aux *Guides* ceux de mes lecteurs qui voudraient s'en faire une idée un peu complète ; j'en citerai seulement quelques-unes au cours de ce récit, dont à Gand une toile de Rubens, *Saint-Bavon reçu dans l'abbaye de Saint-Amand ;* vis-à-vis, sur l'autel, la *Résurrection de Lazare,* par Otto Vénius, le maître de Rubens ; dans une autre chapelle, un des chefs-d'œuvre de Fr. Pourbus, *Jésus-Christ au milieu des docteurs ;* la plupart des figures sont ici des portraits : Charles-Quint, Philippe II, le duc d'Albe, le peintre lui-même ; et enfin une célèbre composition de Hubert et Jean Van Eyck, dont on me permettra d'analyser le sujet, tiré de l'*Apocalypse*. L'agneau céleste, entouré de ses anges, est adoré par tous les saints de l'Ancien et du Nouveau Testament, disposés en groupe, à droite et à genoux les patriarches et les prophètes, à gauche les apôtres et les confesseurs de l'Évangile, parmi lesquels, suivant l'usage, se sont peints les deux frères ; sur le second plan, des vierges et autres saints, des évêques et des chefs d'ordres monastiques portant des palmes. Trois autres tableaux surmontent celui-ci, dont le fond principal est occupé par les tours de Jérusalem, et représentent à gauche la Vierge, du côté opposé saint Jean-Baptiste, au milieu le Sauveur du monde assis sur un trône en habits pontificaux, la tiare en tête et le sceptre à la main. Ces quatre précieuses peintures sont aussi remarquables par la grandeur et le charme de la composition que par la fraîcheur et la vivacité du coloris, resté à travers les siècles le même qu'au premier jour, il y a quatre cents ans ; elles étaient fermées à l'aide de huit volets, dont deux seulement existent aujourd'hui dans les archives de la cathédrale, et représentant Adam et Ève ; les six autres ornent le cabinet du roi de Prusse, qui les a achetés 410,000 fr. et a reconstitué au moyen d'une copie l'ensemble du chef-d'œuvre.

On visite aussi à Gand avec intérêt plusieurs monuments civils : l'hôtel-de-ville, où l'on admire les détails d'architecture d'une façade qu'on croirait être une dentelle ; le palais de justice, édifice moderne un peu massif, d'un bel aspect cependant ; la maison historique des Bateliers, bâtie en 1531 pour servir de lieu de réunion à cette corporation, et ayant conservé le caractère de construction et d'ornementation de l'époque ; puis un de ces beffrois dont l'établissement était autrefois l'un des priviléges des libertés communales, et donnant asile au carillon de rigueur en Belgique. Celui dont il s'agit se compose de trois cloches principales, dites cloches de triomphe, et de quarante et une plus petites. Le dragon doré, plus gros qu'un bœuf, qui sert de girouette aujourd'hui au campanile dont la tour est surmontée, a été enlevé par les Gantois, en 1332, à la ville de Bruges. C'est ensuite, au milieu d'une place dite du Vendredi, sur laquelle étaient dressées des tables où le soir coulerait à flots la double bavière glacée, la statue de Jacques Van Artevelde, qui, né à Gand en 1290, se montra le défenseur intrépide des libertés de la Flandre, des droits du peuple et des institutions du pays, en fut nommé régent ou gardien du repos public, et périt en 1345, victime des factions. A quelques pas plus loin est posé sur trois pieds en pierres de taille le Grand-Canon, pierrier monstre de 6 mètres de longueur sur 3^{m} 66 de circonférence, avec 90 centimètres de diamètre, fait de lattes de fer entourées de cercles du même métal, du poids de 16,000 kil. Le fils de l'illustre citoyen que je viens de nommer l'aurait fait forger pour le siége d'Audenarde, en 1382 ; mais comment s'en serait-il servi, puisque le formidable engin de destruction n'a point de lumière à la culasse ?

Il ne faut pas non plus oublier à Gand le Béguinage,

vaste communauté de 600 femmes qui, jeunes ou vieilles, libres de tout vœu, et reçues dans la grande famille sur la seule attestation de leur moralité, sans autre engagement que celui d'observer certaines règles dont la principale consiste à porter avec la faille flamande un costume noir, se retirent, soit isolées, soit par groupes de deux ou trois, dans des maisonnettes particulières réunies par un mur d'enceinte, pour y vivre de leur travail ou de ressources personnelles, et en même temps se livrer à des pratiques de piété. Ce n'est pas une des moindres curiosités de la ville que de voir circuler les Béguines mêlées aux passants, et surtout de visiter, formant une sorte de village coquet du moyen âge, à l'aspect calme et mystique, leurs proprettes habitations en briques, de style gothique, construites le long de rues tortueuses, chacune avec un jardinet, et ayant sur la porte, au marteau de fer forgé, un nom de saint ou de sainte. On choisit de préférence pour cette excursion les heures des offices, et l'on trouve alors les Béguines rassemblées au son de la cloche, et priant avec recueillement dans leur église, bâtie au milieu de la petite cité, sur une pelouse plantée d'arbres, et au seuil de laquelle elles ont ôté, pour le reprendre en sortant, leur voile de laine noire, et mis à la place sur leur tête une serviette pliée, qui leur sert ainsi de coiffe ; le soir notamment, on se fait un plaisir d'assister au salut, chanté avec un ensemble parfait par les pieuses femmes.

Que dirai-je maintenant de la Belgique et de ses

habitants, sinon qu'ils m'ont paru un peuple un peu lourd, mais foncièrement honnête et probe, des gens essentiellement polis : on y est, quoique inconnu, salué par une infinité de personnes qui n'ont aucun intérêt à se montrer aussi prévenantes. Les soldats, l'infanterie surtout, ont quelque chose de placide et de bourgeois qui rappelle notre ex-garde nationale ; la cavalerie et l'artillerie ont un air plus martial. Quant à l'existence, les habitudes y sont celles de l'Allemagne et de la Suisse : le repas principal est vers une heure, et abondamment servi ; avec presque tous les plats de viande on en présente un autre, consistant en pommes de terre cuites à l'eau. Je n'ai pas besoin d'ajouter que le vin est fort cher : la moindre bouteille dans les hôtels vaut de 3 fr. à 3 fr. 50, et quelle bouteille ! mais du moins le peu qu'elle contient est bon. Les clos médiocres ne sont d'ailleurs pas appréciés en Belgique : on n'y aime que les grands crûs ; c'est le luxe le plus coûteux du pays, et il n'est pas très-rare, m'a-t-on assuré, qu'un époux comprenne dans sa dot une cave de 15,000 ou 20,000 fr. Par contre, on y voyage en chemin de fer à très-bon marché, et confortablement.

J'ai profité de mon séjour à Gand pour prendre un à-compte sur un futur voyage en Hollande, en allant à Terneuzen, et de là à Flessingue. On se rend d'abord en railway à la première de ces deux localités ; suivant donc vers le nord une direction à peu près parallèle au canal maritime, on arrive à Selzaete, et l'on entre en

Hollande ; c'est alors Sas-de-Gand, place de guerre importante, où se trouvent les grandes écluses du canal ; puis Philippine, au bord d'une baie qui débouche dans l'estuaire de l'Escaut, formée d'un ancien bras de ce fleuve, où la marée basse laisse à découvert de grands espaces, et qui pénètre assez loin dans l'intérieur des terres par deux branches, et ainsi l'on arrive à Terneuzen, petite ville propre et coquette, aux rues sinueuses. J'ai vu là un échantillon des travaux gigantesques au moyen desquels les Hollandais, après avoir conquis sur la mer du Nord des provinces entières, s'en sont assuré la possession, en dépit des revendications de leur redoutable voisine, en préservant de ses ravages des contrées qui souvent, à l'heure du flux, sont au-dessous des eaux. Les terrains, ainsi protégés par un réseau de digues d'une force et d'une hauteur prodigieuses, percées d'écluses pour l'écoulement des canaux et des rivières au moment du reflux, se nomment des polders, et bien cultivés deviennent des plaines fertiles, coupées d'arbres et de haies, produisant en abondance des fourrages, des grains et des légumes.

J'ai pris ensuite à Terneuzen le bateau de Flessingue, et par le bras de mer que forme l'Escaut occidental, entre des rives presque au niveau des flots, la terre ferme au sud, et au nord deux des îles de l'archipel de Zélande, celles de Sud-Béveland et de Walcheren, j'abordai dans celle-ci, à quelque distance de Middelbourg, qui en est la principale localité. Malheureusement, c'était un des jours de la semaine où le paquebot reste à peine une demi-heure à Flessingue, et je dus, pour être de retour le même soir à Gand, ne pas m'éloigner du port, où de nombreux vaisseaux chargeaient ou déchargeaient des marchandises, et qui m'a paru être vivant et animé, siége d'un important commerce. Il me fallut donc repartir presque immédiatement, sans même avoir eu le temps d'aller jusqu'à la ville, à près de deux kilomètres plus loin; mais je n'en ai pas moins gardé un agréable souvenir de cette navigation paisible, trop paisible même, accomplie par une belle journée, sur le magnifique estuaire qui commence un peu au-dessous d'Anvers et aboutit à la mer du Nord par une large embouchure.

Bruges. — Ostende.

Je suis parti de Gand pour Bruges le 12 juillet, dans la matinée, et bientôt, sans aucun arrêt, à travers de riches prairies d'abord, et ensuite par des plaines tristes et monotones, l'express me déposait à Bruges, dans une gare encore à ciel ouvert, mais qui ne tardera pas à être un véritable monument aux fenêtres gothiques; on dirait volontiers une église. J'avais choisi pour gîte l'*hôtel de Flandre*, sur la recommandation peut-être trop bienveillante de mon *Guide Conty ;* or, là aussi, il y avait encombrement, et il me fallut en arrivant, et pour quelques heures (je devais le soir l'échanger pour une autre un peu moins brûlante), me contenter d'une chambre donnant sur une cour à peine plus large que la main, ou plutôt sur des toits dont les tuiles vernies y renvoyaient impitoyablement les rayons du soleil. La chaleur en effet avait recommencé, et durant quelques jours elle allait être insupportable. Ce n'était cependant pas cette fois, comme à Gand, qu'il y eût une fête ; mais alors siégeait un conseil provincial, dont la plupart des membres étaient clients de l'hôtel, une sorte de conseil général probablement pour la Flandre occidentale, dont Bruges est le chef-lieu ; toutefois, je n'en sais rien au juste, car m'étant enquis auprès du garçon, qui s'excusait ainsi de ne pouvoir mieux me loger, de ce que c'était que ce conseil provincial, je ne pus en obtenir d'autre éclaircissement que cette réponse : que c'était le conseil.... de la province.

Bruges est une ville de près de 50,000 âmes, entrecoupée de canaux, celle peut-être de toute la Belgique qui ait le mieux conservé sa physionomie du moyen âge et son cachet espagnol ; aucune n'est plus riche en maisons à pignons dentelés, aux toits aigus agrémentés de plusieurs rangées de petites lucarnes, et pour ma part ne m'a plus intéressé. Je n'y serais certainement pas resté sans ennui deux mois, comme se disait devant moi prêt à le faire un fanatique d'art et de pittoresque ; mais j'y ai passé deux jours agréablement, et je crois pouvoir ajouter : avec un certain profit intellectuel. Je me permettrai toutefois ici une courte observation, et posant aux femmes de Bruges et à sa municipalité deux points d'interrogation qui, je l'espère, ne leur paraîtront pas trop indiscrets, je demanderai à celle-ci si ce serait trop sacrifier aux idées modernes que de prendre quelques mesures contre les odeurs infectes qu'exhalent les ruisseaux ; je m'informerai ensuite auprès de celles-là si ce n'est pas se rendre un peu trop les esclaves des habitudes d'autrefois que de s'obstiner à ne sortir, même par une chaleur de 30 degrés centigrades, qu'avec une capeline et la tête couverte d'un capuchon noir, au risque de transformer la cité en un vaste Béguinage. Pourquoi donc d'ailleurs se cacheraient-elles? Leur ville n'est-elle pas toujours la *formosis Bruga puellis?*

J'ai visité à Bruges deux églises : Notre-Dame est une construction sans caractère, lourde et massive, mais riche en tableaux, parmi lesquels une *Adoration des bergers,* triptyque de P. Pourbus, et surtout en monuments précieux : un groupe en marbre blanc attribué à Michel-Ange, la Vierge et l'Enfant-Jésus, et les tombeaux de Charles le Téméraire et de sa fille Marie, épouse de Maximilien, qui devint plus tard empereur d'Allemagne, ornés de leurs statues couchées en cuivre doré, l'aventureux duc de Bourgogne en costume de guerre, avec un lion étendu à ses pieds, et sa devise : *Je l'ai compris, bien en advienne,* la princesse sur un lit d'honneur, les mains jointes, ayant à ses pieds deux chiens. La cathédrale Saint-Sauveur est aussi un édifice disgracieux et lourd, n'ayant de remarquable en fait d'architecture qu'un jubé magnifique en marbre blanc et noir ; mais en même temps c'est un véritable musée renfermant une longue série de toiles dues aux pinceaux des grands maîtres qui s'appelèrent Van Oost, Van Eyck, Pourbus et Claeyssens. Je me souviens, à propos de cette église, que j'y ai eu maille à partir avec l'autorité, représentée par le suisse : les portes étant restées ouvertes plus tard que de coutume pour un service, j'étais entré, et je circulais, mon *Guide* à la main, quand vint à moi le majestueux personnage, me faisant observer que l'heure était passée. Je fermai docilement mon livre ; mais je revendiquai le droit de rester jusqu'à la fin de la cérémonie, et j'entendis alors, exactement chantée comme dans notre cathédrale d'Orléans, la prose de l'office des Morts, si terrible toujours, mais plus saisissante encore quand on est seul, loin des siens, et qu'ainsi l'imagination est plus aisément assiégée par des pensées sinistres.

On trouve aussi à Bruges, dans les salles de l'Académie de peinture, une riche collection de toiles anciennes ; mais le musée dont on emporte le meilleur souvenir est certainement celui de l'hôpital Saint-Jean. Là en effet sont réunies les œuvres capitales d'un des peintres les plus célèbres de la Flandre au XVe siècle, Hans Memling, qui, né à Bruges, écrivit sur le bois, avec son habile pinceau, ces pages remarquables pour cet hospice, en reconnaissance des soins qu'il y avait reçus à la suite d'une blessure, après la bataille de

Nancy, où périt Charles le Téméraire, son protecteur, en 1477. Parmi ces productions du grand artiste flamand, j'en citerai trois ou quatre : le *Mariage mystique de sainte Catherine*, et sur les volets la *Décollation de saint Jean-Baptiste* et la *Vision de l'apôtre saint Jean dans l'île de Pathmos; la Vierge et l'Enfant-Jésus*, avec le portrait d'un seigneur de Bruges, pour qui fut fait le tableau en 1487; la châsse de sainte Ursule, précieux reliquaire sur les panneaux duquel le peintre a retracé l'histoire et le martyre de cette sainte et des vierges ses compagnes; et enfin un triptyque, l'*Adoration des Mages*, avec volets intérieurs et extérieurs représentant quatre autres scènes bibliques, l'*Adoration par la Vierge*, la *Présentation au Temple, saint Jean-Baptiste à côté de l'Agneau*, et *Véronique tenant en main le saint suaire*. Dans tous ces tableaux, l'ordonnance générale et la composition sont parfaites; les couleurs ont de l'éclat et de la fraîcheur; les ciels et les paysages sont traités avec finesse, l'architecture avec une délicatesse merveilleuse; mais souvent la peinture y confine à l'art imagier des miniaturistes du moyen âge, l'attitude des personnages est un peu raide; le dessin des mains est défectueux, et toutes les figures ont des yeux allongés à la manière des visages chinois.

Il y a enfin à Bruges un hôtel-de-ville dont la légèreté et la richesse d'ornementation en font un des plus gracieux monuments de la Belgique ; incendié en 1878, la reconstruction s'en achève. Un petit édifice y est attenant à gauche, dont on admire la façade, en style ogival, ornée de trois portiques superposés, la chapelle du Saint-Sang, bâtie en 1150 pour recevoir une fiole que le patriarche de Jérusalem avait donnée à Thierry, comte de Flandre, comme contenant quelques gouttes du sang de Jésus-Christ. Dans l'une des salles du palais de justice on montre une cheminée magnifique en marbre blanc, ornée des statues en pied de Charles-Quint et de Maximilien d'Autriche, de Marie de Bourgogne, de Charles le Téméraire et de Marguerite d'Angleterre, sa femme, avec des sculptures en chêne et des bas-reliefs représentant l'histoire de la chaste Suzanne ; le Louvre possède une reproduction de cette vaste décoration. Je citerai ensuite le beffroi ou tour des Halles, immense construction de pierres et de briques qui domine au loin la ville, à 100 mètres de hauteur, et contenant l'inévitable carillon, composé ici de 48 cloches, avec 104 marteaux et un tambour en cuivre du poids de près de 20,000 kil., donnant le mouvement au mécanisme, et percé de 30,500 trous carrés qui servent à varier les airs tous les quarts d'heure ; à la fin cependant, ce chapelet de notes sonores égrené dans l'espace devient quelque chose d'un peu monotone. Il y a enfin, sur trois des places de Bruges, autant de statues, celles de Memling, de Jean Van Eyck et de Simon Stévin, savant mathématicien et ingénieur du XVIe siècle, à qui l'on doit le système décimal.

Je ne pouvais être venu si près d'Ostende sans aller

jusque-là. C'est d'ailleurs une simple question de vingt-trois kilomètres et de vingt-cinq minutes, et l'on est arrivé. On franchit aussitôt des bassins, puis on enfile une rue dans laquelle il en tombe plusieurs perpendiculairement, abordées elles-mêmes à angle droit par d'autres, qui dessinent ainsi des carrés réguliers. On traverse une place nue, de formes géométriques non moins irréprochables; décidément, on a poussé par là jusqu'au fanatisme l'amour de la ligne droite, et ainsi, par une rampe, on atteint la mer. On est alors sur la digue qui, longue de trois kilomètres sur 10 mètres de hauteur, en pierres de taille, et revêtue de briques unies formant une sorte de parquet, protége contre les flots les terrains du nouvel Ostende, découpés comme avec un couteau à travers des dunes. En même temps le mouvement et l'animation de la cité balnéaire se concentrent sur cette belle chaussée, bordée d'un côté par l'Océan, et de l'autre par des hôtels et des cottages qui formeront bientôt une ceinture continue d'édifices, à droite et à gauche de la vaste rotonde du Kursaal, qui en occupe le centre.

Mais la mer baissait; quelques enfants seulement s'ébattaient sur la plage au sable fin, et tout au plus deux ou trois de ces cabines roulantes qu'on voit surtout à Ostende, conduites par un cheval, transporter jusqu'à l'eau les belles baigneuses, confiaient à l'onde amère leur précieux chargement. La saison, du reste, commençait à peine; il n'y avait encore que fort peu d'étrangers arrivés parmi les 16,000 qui fréquentent chaque année cette capitale d'été de la Belgique, ainsi qu'on a très-justement qualifié Ostende, et je n'ai pu voir ainsi aucune des toilettes tapageuses ni des beautés excentriques qui en font alors l'ornement. Je restai là néanmoins quelque temps à lire un *Figaro*, à demi-couché sur la grève, à l'ombre de mon parasol ; puis j'allai un moment respirer la brise de mer, à l'extrémité d'une des estacades qui, sur une longueur d'un kilomètre, forment l'entrée du chenal, regardant descendre à l'horizon le soleil qui bientôt allait éteindre dans l'Océan ses feux quotidiens. Je gagnai de là le port de commerce, assez animé, car il faut que l'on sache qu'Ostende est la seconde ville maritime de la Belgique ; il est vrai que je ne crois pas qu'elle en ait une troisième, et l'on ne saurait donner ce titre à aucune de ses autres stations de bains sur la mer du Nord, Nieuport, Heyst et Blankenberghe.

Dunkerque. — Calais. — Boulogne.

Le moment était venu pour moi de quitter la Belgique. Le jeudi au matin je reprenais donc la route de la France dans la direction de Dunkerque ; le parcours alors est assez compliqué, et pour l'accomplir sans encombre, il faut l'avoir étudié avec soin. On prend à Bruges, un peu avant huit heures, un premier train, que l'on suivra jusqu'à Thourout, par un pays plat et monotone, où sont disséminés quelques bois de sapin ; on en attendra là, et pour sept kilomètres seulement, un deuxième au moyen duquel on atteindra Cortemarck, et enfin à cette dernière station on montera dans une troisième voiture, que cette fois on n'abandonnera qu'à Dunkerque, en cheminant d'abord à travers des pâturages ; puis au delà de Furnes on se rapprochera des dunes ; on franchira alors la frontière, et à onze heures on sera rendu à destination. C'était le 14 juillet, et déjà la ville était en fête; les rues pavoisées regorgeaient de monde, et je me suis dit que certainement il y avait à Orléans bien moins d'animation, et que beaucoup moins de nos 50,000 concitoyens étaient dehors que des 35,000 habitants de Dunkerque.

J'arrivais d'ailleurs dans une assez jolie petite ville, percée de rues propres et larges, arrosées par les eaux de plusieurs fontaines. Je suivis celle que, parcourue par une ligne de tramways, je jugeai ainsi être la principale, et elle me conduisit en effet jusqu'à la mer, en passant par la place Jean-Bart, vaste rectangle au centre duquel est la statue en bronze par David d'Angers du héros dunkerquois, dans une attitude peut-être un peu théâtrale, l'épée à la main droite dirigée vers l'Angleterre, un pistolet dans la main gauche, avec un canon à ses pieds; puis devant l'église, édifice lourd, humide et obscur; au pied du beffroi enfin, grosse tour carrée en briques du XVe siècle, à six étages, dans le dernier duquel sept cloches composent le fameux carillon de Dunkerque.

J'atteignis de la sorte les bassins et le port, et de là le chenal qui, long de 2,200 mètres, les fait communiquer avec la rade, entre deux étroites jetées en charpente à claire-voie. Tout cela était désert; les vaisseaux étaient comme abandonnés, parés de ces flammes multicolores qui, disposées sur de légers cordages, des extrémités du pont jusqu'au sommet des mâts, donnent aux navires ainsi pavoisés un aspect si coquet; les travaux avaient été suspendus, et matelots et ouvriers assistaient à la fête, au point qne je ne pus rencontrer chez eux aucun des membres de la famille d'un de ceux-ci, ancien soldat de 1870, que nous avions alors recueilli dans notre ambulance, le seul de tous nos blessés qui ait conservé le souvenir de notre hospitalité, et continue à nous en témoigner chaque année sa gratitude. Ce fut donc à peu près seul que j'allai m'asseoir à la pointe d'une des estacades, n'ayant en face de moi que l'immensité des eaux et du ciel bleu, et à mes pieds un bâtiment à vapeur de commerce qui, lui, ne célébrait pas à son gré la fête nationale, car voulant pénétrer dans le port, et ayant manqué son entrée, comme un acteur qui doit paraître en scène, il s'était échoué sur un de ces bancs de sable que forme souvent la marée à l'ouverture du chenal, et il restait là profondément envasé, en dépit de sa puissante hélice et des efforts d'un remorqueur accouru pour le dégager; il était toujours immobile à sa place quand, à quatre heures, il me fallut regagner la gare pour y prendre le train par lequel je devais quitter Dunkerque. J'arrivai alors, à travers des plaines couvertes de grains encore verts, de fèves et d'œillette, à Gravelines d'abord, puis à Saint-Pierre-lès-Calais, qu'un vaste système de fortifications aura bientôt achevé d'embrasser dans une même enceinte avec cette dernière ville; enfin à celle-ci, et je ne tardai pas beaucoup à m'y trouver installé à une table d'hôte choisie un peu au hasard, et servie par une bonne grosse femme qui m'a rappelé l'hôtesse de la *Grand'Maison*, à Dol de Bretagne, gourmandant comme elle ses clients de leur peu d'appétit.

Calais compte 12,500 habitants, resserrés comme dans un étau entre des remparts bastionnés ; aussi les maisons sont élevées, les rues étroites. Le quartier le plus voisin de la mer, et à ce titre surtout habité par les marins, le Courgain, a un aspect particulièrement sale et misérable. Adossée à une citerne publique, seul réservoir qui jusqu'à ces dernières années ait alimenté la ville d'eau douce, l'église Notre-Dame semble plutôt une forteresse ; on y voit un maître-autel magnifique, en marbres d'Italie, donnés à cet effet en 1628, à la suite du naufrage d'un navire génois qui les portait en Belgique, et de riches verrières figurant des scènes de la vie de la Vierge. Un assez beau jardin public s'ouvre près de la porte Royale, à la suite duquel une promenade ombragée se développe sur les talus intérieurs des fortifications. On y faisait de grands préparatifs pour la fête du soir, un bal, des illuminations, et un feu d'artifice dont je devais voir de ma chambre, en me couchant, les fusées et le bouquet splendide. Fuyant le bruit et la foule, j'allai chercher un peu de fraîcheur sur les jetées, sondant du regard la brume qui devenait plus épaisse, pour tâcher d'y découvrir une lueur que je pusse prendre pour les éclats du phare de Douvres, qu'on aperçoit de là par un temps clair, m'a-t-on dit, et témoin au retour d'une sorte de déluge dont la cause était nouvelle pour moi, l'ouverture des écluses de chasse, c'est-à-dire de vastes bassins où l'on emmagasine au moment du flux une immense quantité d'eau, qu'on laisse ensuite à grands flots se déverser à marée basse dans le chenal d'un port, pour entraîner avec elle les sables qui s'y sont amassés. Je me suis fait montrer aussi, dans la direction de Sangate, à quatre ou cinq kilomètres, l'endroit où doit s'enfoncer dans les entrailles de la terre le tunnel international de la Manche.

Le parcours de Calais à Boulogne, que je suivis le lendemain matin, est plat et monotone pendant les vingt premiers kilomètres, puis il s'anime et devient plus accidenté ; on s'engage au milieu d'une gorge pittoresque, plus loin dans une tranchée ouverte à travers des bancs de marbre, et l'on atteint les centres industriels de Marquise et de Wimereux, où des forges et hauts fourneaux, alimentés en grande partie par le minerai du pays, occupent de nombreux ouvriers. On passe ensuite en tunnels sous la base du plateau où

Boulogne est assise ; décrivant enfin une forte courbe, on franchit sur un long viaduc en arc de cercle la rivière de la Liane, qui forme à cet endroit de son cours un bassin de retenue, et ainsi on arrive à la gare, élégante construction en briques jaunes et rouges, avec tourelles extérieures, à clochetons et galeries ajourées. En voyant alors se dérouler le panorama grandiose de la ville, qui se développait en amphithéâtre devant moi, depuis la mer, l'établissement des Bains et les falaises à gauche, sur les pentes et jusqu'au sommet de la colline que domine à droite le dôme un peu trop écrasé de l'église Notre-Dame, je regrettai encore davantage de ne pouvoir visiter plus en détail Boulogne et ses environs ; mais je tenais à être à Paris à six heures, pour y rencontrer mon fils Edmond qui s'y trouvait à cette époque, et, après avoir dîné avec lui, prendre pour Orléans l'un des express du soir.

Il me fallut donc me borner à évoquer par la pensée les scènes imposantes dont fut témoin ce vaste théâtre, il y a soixante-quinze ans, et qui devaient être suivies d'un si triste épilogue : ici, des centaines de bateaux équipés à prix d'or, et réunis dans ces bassins, au pied de ces falaises, de Pont-de-Briques à Ambleteuse, attendant pour voler à la conquête de l'Angleterre un vent favorable et un ordre du maître, qui ne vinrent ni l'un ni l'autre, de sorte que l'immense flottille n'eut plus qu'à s'en aller pourrir obscurément ; là, dans la plaine, des milliers d'hommes, de chevaux et de canons, qui, n'ayant pu tenter cette héroïque entreprise, devinrent la Grande Armée et s'élancèrent de Boulogne à la suite de leur chef vers les capitales de l'Europe, pour venir, hélas ! s'engloutir au retour sous les neiges de la Russie et les glaces de la Bérésina, et un peu plus tard leurs glorieux débris tomber sur les champs de bataille de France et de Belgique. Que n'auraient pas accompli cet or, ces soldats et ce chef, dirigés vers les arts de la paix !...

Je montai alors à une heure et demie dans le train de marée qui venait de Calais, et je filai rapidement avec lui sur Paris, en compagnie de deux gentlemen partis de Londres à sept heures du matin et qui, accablés par la chaleur, avaient mis bas gilets et redingotes, exemple excellent que je suivis aussitôt, mais qui, en revanche, restèrent irréprochablement gantés de peau, habitude de *high life* à laquelle nos voisins d'outre-Manche ne manquent jamais, et moi, je le confesse, je m'empressai... de ne pas me conformer. Ces messieurs avaient naturellement choisi les meilleures places, à l'est, du côté de l'ombre, et je fus réduit à aller m'asseoir à la portière opposée, c'est-à-dire au couchant et au soleil ; aussi, dans ce compartiment surchauffé, le voyage me fut extrêmement pénible, et je devais rester plusieurs jours en proie à une fatigue qui, un moment, ne laissa de me préoccuper.

Ce fut donc avec un intérêt fort médiocre que je vis se succéder les sites de la route : après le hameau de Pont-de-Briques, les hauts fourneaux de la Société anonyme des forges et fonderies de Montataire ; puis la forêt d'Hardelot, Étaples ensuite, dans une jolie position, au fond de la baie de la Canche ; on longe alors la mer, à travers des dunes fixées par des plantations de pins. On arrive ainsi au delà de Verton, station qui dessert principalement Berck-sur-Mer, successivement à Rue, puis à Noyelles, d'où un embranchement va gagner Saint-Valery, en franchissant, sur une estacade en bois et à claire-voie de 1,300 mètres de longueur, les sables et les courants de l'embouchure et de la baie de la Somme. C'est ensuite Abbeville ; plus loin, en remontant cette rivière, ce sera Amiens, et de là jusqu'à Paris le tracé que j'ai décrit dejà. Je traversai alors la grande capitale, toute couverte encore des drapeaux de la fète nationale, et qui commençait à se remettre un peu de ses patriotiques excentricités de la veille, et à dix heures du soir, le vendredi 15 juillet, j'arrivais coucher à Orléans, après avoir, dans cette laborieuse journée, pris le matin mon café à Calais, déjeûné à Boulogne et dìné à Paris.

LA SUISSE

(Deuxième voyage)

(AOUT 1881)

LA SUISSE

(Deuxième voyage)

(AOUT 1881)

Lausanne. — Le lac de Genève.

L'heure de la seconde partie de mon congé sonna enfin, trop lente au gré de Louis, que je devais emmener avec moi, et qui, à la veille de ce qui serait pour lui un premier voyage, ne se possédait plus et, dans ses rêves, plein de cette ardeur qui est de la jeunesse à la fois le péril et le précieux privilége, allait plutôt au delà de la réalité. J'ai été cependant heureux de constater que, contrairement à ce qui se produit trop souvent, le désenchantement ne succéda point chez lui à l'enthousiasme. J'ai vu avec plaisir que, depuis l'excursion qu'il avait faite, avec son frère et moi, sur les côtes de la Manche, il y a quatre ans, son esprit avait mûri avec l'âge, son intelligence s'était développée ; il suivait avec intérêt les différents spectacles qui se déroulaient sous ses yeux, et j'aime à croire qu'après s'être montré affectueux et facile durant notre voyage, il en recueillera un véritable profit.

Le lundi 8 août, nous partîmes donc pour Paris par le train de une heure quarante minutes, et après une courte promenade jusqu'à la place de la Bastille, pour employer le temps qui nous restait jusqu'au moment du dîner, nous prîmes à la gare de Lyon l'express du soir, par lequel, fidèle à mes habitudes, j'avais décidé que nous irions d'une traite déjeuner le lendemain matin à Lausanne. C'est là un nouveau service organisé depuis quelques années par la Compagnie, un peu plus accéléré que l'ancien, qui continue à subsister ; il emprunte au départ le rapide de Marseille, auquel on attelle à cet effet deux voitures à destination spéciale de Neufchâtel et de Lausanne, qu'on en détachera à Dijon pour les réunir à d'autres et former alors un train complet qui se dirigera sur la Suisse. Il en résulte que les voyageurs assez heureux pour avoir pu trouver place dans ces wagons feront le trajet entier sans transbordement ; c'est assez dire qu'on s'en dispute l'accès et que, longtemps avant l'heure du départ, les banquettes sont retenues ou occupées : *beati possidentes*.

Or, ce soir-là, la voiture de Lausanne était, en style de bourse, une valeur d'autant plus recherchée sur le marché du trottoir de la gare, qu'elle était plus rare. Les demandes du public dépassaient de beaucoup les offres de la Compagnie, que cependant elle aurait pu facilement doubler et tripler, puisqu'elle n'avait qu'à aller chercher dans ses magasins un ou deux autres wagons ; mais elle s'en garda bien, et il ne fallait pas y compter, car chacun sait que proposer à une administration de chemin de fer d'ajouter à un train une voiture est solliciter d'elle un sacrifice au-dessus de ses forces. Aussi, après avoir usé et abusé du procédé qui consiste, non seulement à garnir de colis les quatre coins dévolus aux premiers occupants, mais encore à les éparpiller tout le long des banquettes pour faire croire à la présence de quatre autres voyageurs, un employé, qui avait bien vite percé à jour ce vulgaire subterfuge, nous mit en demeure d'y renoncer, et nous dûmes abandonner tout espoir d'être assez favorisés pour avoir la chance de pouvoir conserver, durant tout ou partie des douze heures que nous avions à passer en wagon, la position semi-horizontale.

Nous jugeâmes même prudent, si nous ne voulions pas prendre place immédiatement en voiture, de monter la garde à l'entour, sans perdre la portière de vue : à chaque minute, en effet, apparaissaient des ménages d'Anglais, facilement reconnaissables, je ne dirai pas par le père, qui ne se distingue généralement par aucun signe particulier, et peut tout aussi bien être pris pour le domestique que pour le chef de la famille, mais par la mère et surtout par l'aïeule, ainsi que par les jeunes filles, les premières à l'attitude gourmée et compassée, au voile vert ou bleu, aux lunettes braquées sur un long nez, maigre et osseux, les autres à la tenue ordinairement modeste, malgré la liberté relativement assez grande que leur permettent les habitudes de leur pays. Or, ces insulaires plus gênants que gênés regardent sans doute comme une dépendance du vaste empire Britannique toute contrée qu'ils honorent de leur présence et enrichissent de leurs guinées, et à ce titre ils ne se font aucun scrupule d'enlever de dessus une banquette les objets qui l'occupent, pour mettre à la place les leurs et surtout leurs personnes. J'en parle savamment, car nous avons été, de la part de blonds enfants de la perfide Albion, victimes d'une spoliation de ce genre sur un bateau à vapeur, et dans je ne sais plus quelle gare nous avons entendu un voyageur en signaler une autre.

Nous partîmes enfin, et le trajet s'effectua pour nous sans ennui ni fatigue, si ce n'est pour moi le désagrément d'avoir pour voisin un monsieur qui, à peine installé, se mit à dormir comme s'il eût été dans son lit jusqu'à trois heures du matin, oubliant qu'il était d'autant plus en danger de ne s'éveiller que dans l'autre monde, qu'il circulait sur le réseau P.-L.-M. (il est vrai que l'effroyable accident de Charenton n'était point encore survenu), et sans s'apercevoir aussi que, durant son sommeil, il empiétait inconsciemment, quelque peu à mes dépens, sur la moitié de la banquette qu'il n'avait pas payée. Le train dont nous faisions partie jusqu'à Dijon ne favorise cependant guère un si paisible repos : cela tient-il à ce que la voie est moins plane et plus accidentée ? Toujours est-il qu'à la différence de notre rapide de Bordeaux, qui glisse et semble voler sur les rails sans secousse et sans effort, et a dévoré l'espace avant qu'on s'en soit douté, celui de Marseille a une marche saccadée, inégale et heurtée ; animé tantôt d'une vitesse ordinaire, tantôt emporté par une course vertigineuse, il a besoin d'être fréquemment modéré par les freins, et alors il se produit une sorte de battement, un bruit désagréable qui, dans les tunnels, sous la longue galerie surtout de quatre kilomètres qui précède, en partant de Paris, l'arrivée à Dijon, devient un vacarme assourdissant. On me pardonnera si j'entre dans ces détails ; mais on voudra bien ne pas oublier que j'ai déjà fait et raconté le voyage dont j'essaie, peut-être à tort, de parler aujourd'hui de nouveau ; qu'à part certains points que j'ai dû alors négliger, je n'aurai donc rien à décrire, et dès lors que dirai-je, sinon des impressions ? Aussi conseillerai-je à ceux de mes lecteurs qui voudraient connaître l'itinéraire de la ligne de Suisse, de se reporter à mes livres de 1877 et 1878, et aux autres d'imiter mon voisin, en ayant soin, bien entendu, de ne pas tomber avec lui sur moi, et de se laisser ainsi conduire les yeux fermés jusqu'à Pontarlier.

Mais là ils pourront s'éveiller, car la voie s'y bifurque, et un parcours nouveau allait commencer pour eux et pour moi. Après être, en effet, passé sous les canons du fort de Joux, on laisse à gauche le railway courir vers Neufchâtel, Bienne et Berne, et obliquant au sud, on arrive à Jougne, et l'on atteint la frontière, pour aller de là par Vallorbes et la Sarraz, rejoindre le chemin de fer de Neufchâtel à Lausanne par Yverdon. On se dirige alors vers une localité un peu plus importante que les précédentes, quoique certainement tout aussi inconnue de mes lecteurs, Vallorbes, village industriel de près de 2,000 habitants, dans le voisinage duquel sont des forges, et empruntant la ligne de Genève à Lausanne, on ne tarde pas à pénétrer dans la gare de cette dernière ville. On a eu ainsi à franchir la chaîne du Jura, et l'on a triomphé de ce passage difficile par un parcours qui ne le cède en rien à celui de Pontarlier à Neufchâtel, au moyen de longs circuits à mi-côte dans la vallée de l'Orge, à travers des gorges sauvages dont les flancs sont couverts de forêts de sapins. Partis de Paris à sept heures vingt minutes du soir, nous étions de la sorte sur les bords du Léman le lendemain matin, à sept heures et demie, après un arrêt à Pontarlier d'une demi-heure. Nous montons, sous les rayons d'un soleil déjà ardent, la rampe escarpée qui de la gare va à la ville, et nous nous installons à l'hôtel du *Grand-Pont*, où déjà j'avais logé avec Edmond en 1875, au retour de notre voyage dans le Dauphiné et en Savoie.

Rien ne m'a paru changé dans la physionomie générale de Lausanne, si ce n'est que les travaux que j'y avais trouvés il y a cinq ans en voie d'exécution sont aujourd'hui complètement achevés, et j'en ai ainsi compris l'objet, que je ne m'étais pas fait expliquer alors, croyant qu'il s'agissait de compléter les communications entre les différentes parties de la ville, assise sur trois collines coupées par de profonds ravins. Lausanne a pour port, sur le Léman, un village où s'arrêtent les bateaux à vapeur, Ouchy, et pour aller de l'un à l'autre il y a 119 mètres de pente à gravir, répartis sur une courte distance de 1,570 mètres, aux deux tiers de laquelle environ est la gare, où aboutissent quatre lignes de railways, c'est-à-dire une rampe de plus de 14 p. 100 en moyenne ; et je vous assure que c'est quelque chose, ayant eu à l'escalader à pied, un soir que le mode de locomotion dont je vais dire un mot ne fonctionnait pas, le mécanisme ayant eu besoin de réparations. On a donc imaginé de relier Ouchy à Lausanne par un chemin de fer funiculaire, *la ficelle*, comme partout on l'appelle en Suisse. Or, pour monter de la gare à la ville, il a fallu percer une galerie assez longue ; c'est ce travail qui s'effectuait lors de mon premier voyage. En débarquant du bateau à vapeur, on monte ainsi en wagon ; la machine est mise en mouvement, je ne sais trop comment, et le câble s'enroule sur son treuil. Une station est établie à la hauteur de la gare pour ceux qui veulent s'y arrêter ; les autres continuent, et bientôt, pour la modique somme de 25 centimes, on est arrivé, à deux pas de la place Saint-François et de l'hôtel du *Grand-Pont*, dans le ravin du Flon, sous les arches imposantes du pont Pichard qui en réunit les deux versants. A la descente a lieu l'opération inverse, et dans chaque sens quarante trains circulent ainsi, de six heures du matin à neuf heures du soir. C'est pour les voyageurs une notable amélioration à l'ancien état de choses; mais, si incessante que soit la circulation entre Ouchy et Lausanne, les travaux qu'a nécessités une pareille entreprise sont tellement gigantesques que je doute fort que les capitalistes qui en ont fourni les fonds y trouvent leur compte, et si l'on ne pouvait profiter de la *ficelle* qu'à la condition d'en devenir actionnaire, certes j'aimerais encore mieux gravir la pente à pied, tout ennemi que je suis des ascensions.

Je me serais reproché d'avoir amené Louis si près de Genève, sans le mettre à même d'avoir au moins un aperçu de cette belle et grande cité, et l'heure prévue de notre arrivée à Lausanne était assez matinale pour qu'après nous être reposés quelques moments, il nous fût possible de réaliser immédiatement cette excursion. Notre programme de la journée du 9 août portait donc que, partant par terre pour revenir par eau, nous monterions dans le train de neuf heures cinquante-cinq minutes; que nous irions ainsi dîner à Genève; que, prenant alors une voiture, nous nous ferions promener à travers la ville, et que nous rentrerions souper à Lausanne par le bateau touchant à Ouchy à six heures trente du soir. Tout cela fut exécuté de point en point, et il nous fut donné à ce moyen de pouvoir admirer cette partie du lac, tour à tour des balcons naturels où court la plupart du temps le chemin de fer, découvrant de ces hauteurs les montagnes de la côte de Savoie, le mont Blanc, les Voirons, le Salève, et ensuite du pont du paquebot la nappe azurée du Léman, les riants villages et les villas gracieuses de la rive suisse, dominée par les sommets du Jura. J'ai ailleurs décrit trop longuement ces merveilleux aspects pour y revenir, non plus que sur Genève. Je n'y ai du reste remarqué qu'un monument nouveau, élevé près du quai des Pâquis, dans le jardin des Alpes, à la mémoire du duc de Brunswick, le généreux donateur qui a laissé à la ville je ne sais combien de millions; mais les quartiers neufs ont continué à se développer, et c'est toute une cité moderne qui occupe à l'heure qu'il est l'emplacement des anciens bastions, percée de larges rues, peuplée de constructions superbes entre lesquelles s'étendent des jardins d'où s'échappent des plantes grimpantes qui, s'attachant aux balcons et aux façades, alternent agréablement avec les détails d'architecture.

Nous avons le lendemain complété le tour du lac par une excursion analogue; rien n'est plus facile d'ailleurs, les billets d'aller et retour étant indistinctement valables par chemin de fer ou par bateau. Nous avons gagné d'abord Villeneuve, à l'extrémité du Léman, par le railway qui en suit les contours et serpente à travers les hauteurs qui en encadrent le bassin, tantôt en longeant la base au niveau des eaux bleues qui viennent presque lécher amoureusement les rails, et doivent les couvrir d'écume en leurs jours de fureur, tantôt s'élevant à mi-côte au milieu des vignobles de Lavaux et de Lutry; ici s'enfonçant dans de sombres tunnels, là franchissant sur de hardis viaducs des torrents qui, aujourd'hui desséchés, doivent au printemps, lors de la fonte des neiges, se précipiter vers le lac en cascades étincelantes. Peut-être on me reprochera de courir le risque de tomber dans des redites en consacrant quelques lignes au souvenir de ces sites enchanteurs ; mais il y a cinq ans je les avais vus à la hâte, sous un ciel si brumeux, et à présent je les retrouvais plus à loisir, inondés d'un soleil si splendide, que l'on me pardonnera de les saluer de nouveau.

Qu'il me soit donc permis, dans le nombre des villas, des hôtels, des pensions qui se sont succédé sous nos yeux, d'en nommer au moins deux, une maison particulière, le château des Crêtes, résidence et propriété de Mme Arnaud de l'Ariége, que viennent souvent y visiter de France d'illustres personnages politiques, et l'hôtel *Byron*, qui domine au loin le lac, dans une position admirable ; et parmi les villages qui forment les étapes de cette route unique, d'en citer quelques-uns, Lutry, Cully, Vevey, le plus important de tous, que recommandent aux amateurs de tabac ses cigares renommés, et aux touristes épris du pittoresque la tour enchâssée dans le lierre de son abbaye des Vignerons ; Burier, Clarens, Montreux-Vernex, Veytaux enfin, où le public est admis à visiter le vieux manoir de Chillon, sombre prison d'État bâtie sur un rocher dont la base est baignée de trois côtés par les eaux du Léman, qu'ont immortalisée il y a soixante ans les chants de lord Byron, et bien auparavant la captivité au XVIe siècle de Bonnivard, prieur de Saint-Victor de Genève, par les ordres du duc Pierre de Savoie. Ce courageux défenseur des libertés et de l'indépendance de sa patrie resta ainsi renfermé dans les cachots du château Chillon pendant six années, jusqu'au 1er février 1596, où les Bernois, aidés des Genevois, s'étant emparés de la forteresse après deux jours de résistance, rendirent à la lumière du soleil l'illustre prisonnier. On montre encore la dalle usée par les pas, et l'anneau qui retenait à un pilier la chaîne du captif. On fait voir aussi, dans l'un des souterrains taillés dans le roc, et recevant à peine le jour par d'étroites meurtrières, un bloc de pierre en forme de plan incliné où les condamnés à mort passaient leur dernière nuit ; ce n'était certainement pas le moelleux de la couche qui devait empêcher les malheureux de songer à leur éternité. De cette même salle, par une fenêtre aujourd'hui murée, les infortunés étaient le lendemain matin précipités dans les flots. Ailleurs étaient les oubliettes, qui, non moins que le lac, ne rendaient jamais leur proie.

Nous vîmes tout cela avec intérêt ; mais cette journée du 10 août devait avoir aussi ses déceptions. Déjà nous en avions éprouvé une : en dépit des séductions tentées sur notre estomac, au nom de l'hôtel *Byron*, par son représentant, le conducteur de l'omnibus qui à chaque train et à chaque bateau vient à Villeneuve en quête de clients, nous avions donné la préférence à l'hôtel du *Port*, dans ce dernier village, une maison de cinquième ordre, où les servantes ne m'ont point paru avoir une notion bien exacte de la différence qu'il y a entre un repas à la carte et un autre à prix fixe, mais dont la salle à manger au premier étage, ouvrant sur le lac, l'emporte pour moi sur les plus beaux salons des restaurants les mieux placés des boulevards, et communique aux aliments très-modestes qui y sont servis une saveur que ne sauraient donner à leurs menus ni Véfour ni Brébant. Nous avions donc commandé là notre dîner, puis, pouvant disposer d'une heure, nous nous étions mis en devoir de pousser jusqu'au Rhône; mais l'aspect des montagnes qui, à droite et à gauche, bordent la vallée exerçait sur nous une sorte de mirage qui nous trompait sur leur éloignement : le fleuve capricieux semblait fuir devant nous à mesure que nous avancions, et, d'abord arrêtés par des marécages, nous cheminions bravement sur la grande route depuis trois quarts d'heure, quand nous avions appris qu'une égale distance nous séparait encore de la rivière. Il nous avait donc fallu rebrousser chemin et revenir complètement bredouille. Sans doute nous avions eu l'agrément de circuler à travers des prairies verdoyantes qui ne le cédaient en rien aux prés fleuris qu'a chantés Mme Deshoulières, bien que personne n'y menât de chères brebis ; mais nous n'avions pas rencontré le moindre Rhône qui les arrosât, et n'avions rapporté de notre expédition qu'un violent appétit, des vêtements souillés de flots de poussière soulevés par nos pieds sur la route poudreuse qui par le Simplon s'en va en Italie, et des fronts, le mien surtout, où perlaient des gouttes de sueur. Le Rhône, hélas ! devait continuer à nous tenir rigueur et à se montrer pour nous inaccessible ; il ne nous serait pas donné de pouvoir le saluer plus à sa source qu'à son embouchure dans le lac de Genève, et si nous avions inutilement, le 10 août, bravé les ardeurs du soleil pour tenter de descendre vers l'une, le brouillard et la pluie devaient une semaine plus tard nous empêcher de monter jusqu'à l'autre... Mais pourquoi anticiper ? A chaque jour suffit sa déconvenue, ou plutôt une seule n'y suffit pas toujours ; aussi bien une seconde nous était réservée.

Revenus en effet sur nos pas de Villeneuve à Chillon, nous visitions le château, pour aller ensuite prendre le bateau qui nous ramènerait à Ouchy, quand nous avons su que ce vapeur s'arrêtait plus loin, à près de deux kilomètres ; moins d'une demi-heure nous restait pour arriver à temps. Plantant donc là Bonnivard et ses malheurs, nous nous mîmes en route, et à peine étions-nous depuis quelques minutes à Territet-Chillon, où le paquebot fait escale, que parut celui-ci, qui précisément était le *Mont-Blanc*, le même sur lequel nous avons été si violemment ballottés le 8 septembre 1876, qu'Edmond, ce jour-là... Mais assez, et ne réveillons pas des souvenirs néfastes. Il était apparemment écrit quelque part que le Léman nous jouerait encore un méchant tour. Or, ayant très-chaud, nous étions restés à l'abri, un peu à l'écart ; d'un autre côté, le vent s'était levé : il soufflait en tempête ; de grosses lames bondissaient le long des rochers ; le lac était ainsi devenu mauvais, et il en résulta que, ne voyant personne sur la jetée, le capitaine, qui ne demandait sans doute qu'un prétexte pour ne point aborder, fit le signal indiquant qu'il n'accosterait pas. Le bateau s'éloigna donc à toute vapeur, nous laissant tout déconfits, en tête-à-tête avec les deux mariniers venus pour aider à l'embarquement, et dont l'air légèrement narquois ne plaidait pas précisément en faveur de leur innocence, car, habitués à de semblables incidents, ils auraient pu, ce semble, nous donner l'avis charitable de nous montrer plus tôt, au lieu d'attendre le départ du *Mont-Blanc* pour nous avertir de ce que nous aurions dû faire. Je ne crois pas dès lors porter sur leur compte un jugement téméraire en pensant que s'ils s'en sont bien gardés, c'est qu'ils voulaient rompre à nos dépens, par un intermède amusant... pour eux, l'exercice journalier singulièrement monotone de leur métier nautique. Quoi qu'il en soit, ô lecteurs qui vous trouveriez sur les bords du Léman, attendant un paquebot en un jour de grand vent, souvenez-vous de notre mésaventure ; que la leçon vous profite, et qu'ainsi la vertu dont vous aurez fait preuve en me lisant trouve ici-bas sa récompense.

Et nous, que devenir ? Il n'était guère que trois heures, et jusqu'à cinq heures et demie ni train ni bateau ; encore le temps permettrait-il le soir à celui-ci de faire régulièrement son service ? Et comme le passage du premier précédait le départ du second, pas moyen de compter sur le chemin de fer comme mode de transport subsidiaire. J'opinais donc fortement pour le railway, comme étant le plus sûr ; mais je voyais monsieur mon fils tellement désenchanté, désireux qu'il était d'affronter le lac en fureur pour pouvoir dire, le cas échéant, qu'il s'était tiré à son honneur de ce pas difficile, que je me laissai faire, et, tout harassé que j'étais, ayant regagné à pied Villeneuve, nous revìmmes à sept heures par le bateau, plutôt bercés que secoués par le Léman, qui s'était apaisé, et contents l'un et l'autre, Louis de sa propre joie, et moi de la sienne, qu'il devait à ma condescendance. J'ajoute à sa louange qu'il se montra reconnaissant de ce qu'au début de notre voyage j'avais ainsi fait pour lui être agréable.

Toutes nos journées, heureusement, n'ont pas été aussi mouvementées que cette après-midi du 10 août ; tant pis peut-être pour celui dont la tâche est aujourd'hui d'en être l'historiographe, à condition, bien entendu, qu'il se fût agi d'incidents aussi peu graves que ceux que je viens de raconter. Mais comme, si légère qu'ait été une mésaventure, elle a toujours son côté déplaisant et peut entraîner des conséquences fâcheuses, et qu'avant d'en devenir le narrateur il en aurait été plus ou moins la victime, il se résignera volontiers à avoir quelques pages de moins à offrir à ses lecteurs, et bénira le ciel qui lui a octroyé de tranquilles loisirs :

Deus nobis hæc otia fecit.

Interlaken. — Giessbach. — Berne.

Ainsi continua notre voyage. Nous devions, d'ailleurs, passer en route le jeudi 11 août presque tout entier, de Lausanne à Berne et de là à Interlaken. Je m'étais beaucoup promis de la première partie de ce long trajet, qui serait absolument nouvelle pour moi, et j'ai vu avec plaisir que je ne m'étais pas trompé, puisque pendant quarante kilomètres nous avons, de nos places en wagon, joui d'un merveilleux panorama. Au sortir de la gare, laissant à droite le railway de la ligne d'Italie par Villeneuve, on s'élève lentement sur les pentes qui dominent à gauche le lac de Genève : de 500 mètres environ d'altitude, la voie ne tarde pas à en atteindre 650, et plus loin 750, et alors c'est une vue magnifique sur le Léman et par delà sur les montagnes de la Savoie. Si agitées la veille, les eaux étaient redevenues tout à fait calmes et n'offraient qu'une surface absolument unie, d'un bleu nuancé de teintes qui variaient selon les parages et les différences de profondeur du lac, sur laquelle miroitaient les rayons du soleil, et que sillonnaient des bateaux au noir panache de fumée, semblables, de cette hauteur, à de modestes barques. On chemine ainsi d'abord à travers des vignobles, rencontrant çà et là des contreforts de rochers, dont l'art des ingénieurs n'a pu souvent avoir raison qu'au moyen de tunnels, et des ravins sur lesquels ils ont dû lancer de puissants viaducs ; plus loin, sur le plateau, après un petit lac, le lac de Bret, ce seront des prairies coupées de vallées, semées de bouquets de bois.

Les trois premières gares correspondent à autant de localités situées au-dessous, sur les bords du lac, et contribuent de la sorte à les desservir, la Conversion devenant la station de Lutry, Grandvaux, de Cully, Chexbres, de Vevey ; vient enfin Romont, sur un mamelon à la base duquel coule la Glane. On est alors passé du bassin du Rhône dans celui du Rhin, ou plutôt de ses affluents, par une longue tranchée percée à travers le point de partage des eaux de ces deux fleuves. Mais là adieu les agréables perspectives : le paysage devient extrêmement monotone ; il s'égaie un instant, il est vrai, de nouveau quand on atteint Fribourg, et l'aspect des vallées du Gotteron et de la Sarine, du viaduc de Grandfey, des fameux ponts suspendus, me fait regretter de ne pouvoir montrer à Louis toutes ces choses, sur lesquelles il ne peut que jeter au passage un rapide coup d'œil. Mais notre programme s'y opposait, et en voyage comme partout, il faut savoir faire des sacrifices. Fribourg eut donc beau nous offrir, à côté des merveilles que lui a départies avec prodigalité la nature, la séduction tout accidentelle des abords de sa gare, encore décorée de mâts et d'oriflammes à l'occasion des fêtes du Tir Fédéral, qui s'y étaient terminées la veille ; la vapeur inexorable nous emporta plus loin, et bientôt, après un nouveau parcours sans intérêt, nous déposait sous la gare de Berne. Nous ne devions pas toutefois y séjourner alors; après avoir dîné au buffet, nous repartions donc pour Thun et Interlaken, et à cinq heures et demie nous étions dans cet Éden de la Suisse. J'en ai parlé dans le temps avec détails, ainsi que du Giessbach, de Berne, de Lucerne, du Rigi. Pour tout cela, je renverrai donc à mon livre de 1877 ceux de mes lecteurs qui en voudraient une description un peu complète, et les quelques pages qui vont suivre seront de simples feuillets d'un journal de voyage.

Plus heureux que je ne fus alors, nous avons été favorisés par le temps, et après avoir, pendant le trajet, soit en chemin de fer, soit en bateau à vapeur, sur le lac de Thun, contemplé dans toute leur beauté les sites qui se succédaient, il nous fut permis en arrivant de saluer dans son lit du soir, sous les feux du soleil, la reine de ces lieux, la splendide Yungfrau. C'était le premier glacier qui apparaissait à Louis dans toute sa majesté; il en fut véritablement ébloui, et il faut convenir qu'on le serait à moins. Les noyers qui font le principal ornement d'Interlaken se sont aussi montrés plus magnifiques, plus verdoyants que jamais à mes yeux, déshabitués de voir en France de pareils arbres, depuis le fatal hiver 1879-1880: « Qu'adviendrait-il, me disais-je en nous promenant sous leur épais feuillage, de cette vallée si riche, et désormais déshéritée, si elle venait à être frappée d'un désastre semblable à celui qui a fondu sur nous? » Me souvenant ensuite que, bon gré, mal gré, que je m'abstinsse ou non d'aller au Kursaal, je n'en paierais pas moins la cotisation officielle, j'y allai avec mon compagnon de voyage, et nous entendîmes là d'excellente musique, exécutée au milieu des jardins, sous un kiosque ouvert à tous, par des artistes italiens. Interlaken était d'ailleurs, comme toujours, brillant et animé, et il paraît que les étrangers y étaient en grand nombre, car à l'Oberlanderhof, où j'étais allé frapper de nouveau, nous n'avions pu être logés dans l'hôtel lui-même, et l'on nous avait donné dans une maison particulière, chez de bonnes gens du reste, une chambre où l'on se trouvait bien dès qu'on y était arrivé ; mais pour y parvenir, oh ! qu'il ne fallait pas se montrer difficile, et, la nuit, que nous aurions été à plaindre, si nous avions eu besoin d'en sortir !

A Interlaken, au surplus, non seulement on ne doit, pas plus que dans les localités du même genre, bâties de toutes pièces pour abriter quatre mois chaque année une population cosmopolite, pénétrer trop avant dans l'intérieur des habitations, sous peine d'y rencontrer, à côté d'appartements princiers et derrière des façades monumentales, des réduits malpropres et parfois des bouges impossibles ; mais encore on ne tarde pas à se repentir de s'être égaré en dehors de la rue principale. Je ne parle pas ici des logis sans air, où de pauvres femmes s'étiolent à blanchir et repasser le linge des élégantes promeneuses, à deux pas des riches vitrines et des brillants magasins de la grande avenue ;

ni des baraquements misérables où sont entassés, pêle-mêle avec leurs conducteurs, les chevaux et les ânes destinés aux excursions; ni même des détritus et des émanations qui en sont la conséquence. Mais il ne faut pas s'engager bien loin dans la campagne pour que des senteurs bien autrement pénétrantes viennent désagréablement chatouiller l'odorat : c'est qu'à Interlaken on sait tirer parti de tout, et en même temps l'on n'est pas égoïste, de sorte que l'on veut que tout ce que laissent dans le pays les milliers d'étrangers qui y séjournent chaque été leur revienne sous une forme quelconque, tout, excepté, bien entendu, l'or qu'ils ont semé à pleines mains dans la splendide vallée. Des... dépôts d'une certaine nature sont donc extraits des... lieux où ils se sont entassés, et, sans aucun agent chimique qui pourrait les rendre un peu plus inodores, répandus sur le sol pour y faire pousser des fruits et des légumes, et il en résulte des senteurs qui, si elles sont internationales, ne sont certainement pas neutres. Peut-être ces détails choqueront quelques personnes; mais le premier devoir du narrateur n'est-il pas de ne rien omettre? et j'ai tenu à n'y pas manquer.

Combien nous avons été mieux inspirés et quel air plus pur a circulé dans nos poumons quand, au lendemain de la promenade où nous avions constaté ce que je viens de dire, marchant un peu au hasard, nous nous sommes trouvés hors du cercle de montagnes entre lesquelles coule l'Aare, du lac de Brienz à celui de Thun, et sur ses bords est assis Interlaken ! Nous cheminions sur une route pratiquée entre deux murailles de rochers, tapissées de sapins gigantesques étagés de la base au sommet, sur le sol, dans les anfractuosités de la pierre, partout où une graine avait pu germer, une partie des racines et le tronc parfois suspendus dans l'espace. Tout à coup, à un détour, la montagne et les bois ont cessé, et nous avons débouché dans une vallée latérale, verdoyante et fleurie, sur un mamelon de laquelle se dressaient des ruines, une vieille tour aux flancs à moitié éventrés, seul vestige, avons-nous su plus tard, d'un manoir du Xe siècle, le château d'Unspunnen.

Nous venions alors d'arriver de Giessbach, où nous étions allés coucher la veille, pour juger par nous-mêmes de l'effet de l'illumination tant vantée des cascades; et de fait, si l'on doit presque toujours en rabattre de l'enthousiasme souvent intéressé des *Guides* et de leur admiration payée à tant la ligne, cette fois nous n'avons pas été déçus, car rien de plus fantastique que ces feux multicolores, cendrés, rouges, verts, projetés sur les eaux qui bondissent de chute en chute, pour retomber tantôt en larges nappes liquides, tantôt en flots bouillonnants couverts d'écume; il faut avoir eu cela sous les yeux pour s'en faire une idée. Nous tenions, du reste, à voir le Giessbach sous tous ses aspects, et pour embrasser de là l'ensemble du tableau nous avions affronté la fatigue d'une ascension aussi complète que possible jusqu'auprès du sommet où, formé par les glaciers du Faulhorn, le torrent s'échappe d'un rocher à pic à 130 mètres de hauteur. Mais quelle audace d'avoir été bâtir à je ne sais quelle altitude, pour quatre mois par an, en face d'une cascade aux abords de laquelle on allumerait le soir quelques feux de Bengale, un hôtel de quatre cents lits somptueusement installé, au sein d'un parc immense coupé d'allées soigneusement entretenues, semé de bosquets, de buvettes et de chalets ! Avec quelle confiance on a spéculé ainsi sur la curiosité, j'allais dire sur la sottise humaine, et combien il faut qu'elles soient grandes pour qu'une entreprise aussi hasardeuse ait eu des chances de succès ! Or, elle a réussi, et tous les jours des centaines de voyageurs s'arrêtent et couchent chaque nuit au Giessbach, qui se trouve ainsi être l'étape obligée où fait halte quiconque se rend d'Interlaken à Lucerne ou *vice versâ* par le Brünig.

On a même eu recours l'an dernier à un moyen inédit, pour y encourager davantage le public : comme du lac de Brienz à l'hôtel il fallait gravir des sentiers ardus et difficiles, on a voulu obvier à cet inconvénient, et l'on y est arrivé par un procédé hydraulique aussi simple qu'ingénieux, qui est devenu pour les touristes un nouvel attrait. Un plan incliné a été jeté sur la rampe, soutenu au-dessus de l'abîme par des poutrelles et une charpente en fer d'une légèreté effrayante ; des rails y ont été placés, avec une voie de garage à moitié chemin, pour permettre un croisement, et sur cet étroit plancher circulent deux wagons, reliés par un câble roulant sur un treuil, à une extrémité duquel chacun d'eux est attelé. De l'eau est amenée de la cascade, par des tuyaux, au point culminant de la pente; des réservoirs ont été ménagés sous les banquettes de chaque voiture, d'une capacité suffisante pour que, remplis, ils lui donnent un poids un peu supérieur à celui de l'autre wagon. Le signal est alors donné : le véhicule qui descend entraîne l'autre et le fait monter doucement. Parvenu en bas, il abandonne une partie de son lest, de manière que celui-ci soit rendu plus pesant, lui imprime une vitesse que des freins modéreront au besoin, et le fasse ainsi à son tour atteindre le sommet. Et de la sorte s'établit un va-et-vient continuel, sans grands frais, par un vulgaire système de poids et de contrepoids.

Nous devions, avant de gagner Lucerne, revenir à Berne; nous y sommes donc retournés d'Interlaken, par le même chemin que nous avions suivi à l'aller, en même temps qu'un honorable conseiller à la Cour d'Orléans qui achevait un voyage de Suisse avec sa femme et sa fille, et dans la société aussi, mais plus bruyante celle-là, d'une compagnie de jeunes gens qui, le cœur léger et la fleur alpestre au chapeau, livrait aux échos du Bœdeli les couplets et surtout le refrain du *Beau Nicolas*, tant il est vrai qu'il faut que nos insanités françaises fassent le tour de l'Europe ! Nous avions rencontré, également à la gare d'Interlaken, un de nos anciens procureurs généraux qui, après avoir occupé le même siége à la cour de Paris et être devenu un instant ministre, a vu sa haute position crouler avec l'Empire. Il y avait longtemps que je n'avais eu l'honneur de voir M. G..., et dans l'intervalle les tristesses de la vie de famille sont venues chez lui s'ajouter aux déboires du magistrat et de l'homme politique ; aussi l'ai-je retrouvé avec un visage vieilli et des cheveux grisonnants ; son attitude générale est cependant restée la même. Je devais le saluer de nouveau quelques jours plus tard, en bateau à vapeur, sur le lac de Lucerne ; il m'a, les deux fois, accueilli avec cet air un peu raide, mêlé au fond d'une réelle bienveillance, que nous lui avons tous connu à Orléans, et de mon côté j'ai été heureux de lui serrer la main, car, malgré son abord assez difficile, je n'ai pas oublié ce que je lui dois.

Cette journée du samedi 13 août devait, au surplus, être pour nous fortunée entre toutes, *albo signanda lapillo,* car le soir, à Berne, je faisais une troisième rencontre à laquelle, certes, je ne m'attendais pas plus qu'aux deux autres, et qui m'a été encore plus précieuse, puisqu'elle fut moins éphémère, celle de M. l'abbé T..., le vénérable doyen du chapitre de B..., avec lequel j'ai fait faire connaissance à mes lecteurs de 1877. Le mardi précédent, lors de notre passage à Pontarlier, j'avais bien cru l'entrevoir en wagon, dans ce même costume dont il y a quatre ans je me suis permis une description un peu malicieuse, comme il me l'a amicalement reproché. Craignant une méprise, je n'avais pas osé l'aborder; mais je ne m'étais pas trompé, et c'était bien lui qui se rendait à Berne, où nous nous sommes retrouvés, clients fidèles l'un et l'autre du Schweizerhof, pour la seconde fois, qui celle-là devait être la dernière, car, ainsi qu'on le verra plus loin, M. l'abbé Thiébaud (pourquoi ne le nommerais-je pas aujourd'hui ?) devait bientôt après partir pour le grand et suprême voyage dont on ne revient point. Mais, quant à présent, rien ne paraissait présager une fin aussi prompte ; il semblait, au contraire, que, plus favorisé que nous tous, le bon chanoine n'avait pas vieilli, malgré les années, et il portait gaillardement ses quatre-vingt-trois hivers. L'âge cependant l'avait affligé d'une infirmité dont il souffrait cruellement, aimable et causeur comme il était : une surdité assez prononcée ; mais, à part ce tribut payé aux misères humaines, il était resté le même : son teint était toujours aussi frais, son intelligence aussi nette, et surtout son accueil plus cordial que jamais. Il continuait à venir de temps à autre travailler et se reposer à Berne, *incognito* bien entendu, bien que tous à peu près n'ignorassent pas qui il était, tous, excepté un ami qu'il s'était fait à l'hôtel, une sorte de voyageur cosmopolite, qui lui tint un jour ce propos, que nous répéta en riant l'excellent vieillard, car le mot devenait plaisant dans la bouche d'un homme qui parlait sans le savoir à un chanoine : « Je suis comme vous, monsieur : je suis libre, et je n'ai point de femme. »

M. l'abbé Thiébaud n'eut point de peine à obtenir de

nous la promesse de revenir à Orléans par Besançon, et nous avons été assez heureux pour qu'il nous ait été possible de faire honneur à notre parole ; mais à titre d'à-compte il voulut nous montrer ce qui pouvait être un attrait pour nous. La riche bibliothèque, les musées et les collections de la ville s'ouvrirent ainsi à sa voix devant nous, une entre autres qui présente un intérêt particulier, car elle renferme les dépouilles conquises sur Charles le Téméraire à la bataille de Morat, les ornements d'église attachés à son camp, les tapisseries de sa tente ; puis il nous conduisit au pont de la Nydeck, sous les arcades duquel je descendis pour que Louis pût en admirer la majestueuse hardiesse. Il ne manqua pas enfin de nous faire rendre visite à ceux qu'il appelait ses bons amis les ours, à l'intention desquels il eut soin de se munir d'une abondante provision de carottes. Mais le temps était orageux ; les pensionnaires velus de l'État bernois ne se montrèrent pas de belle humeur : à peine daignèrent-ils se soulever lourdement pour croquer du bout des dents les ombellifères du chanoine, et ils se refusèrent absolument à toute gentillesse. Notre aimable guide aurait bien voulu encore nous introduire dans les caves du Grand-Grenier ; mais c'était l'heure de l'office, et les portes de la curieuse taverne étaient closes. Comme j'avais dès la veille fait voir à Louis, à côté des vieilles rues de la ville, aux galeries sombres et massives, les quartiers neufs qui se développent chaque année davantage, le palais Fédéral, sa terrasse qui domine l'Aare, il aura pu se faire de la capitale officielle de la Suisse une idée suffisamment complète.

Aussi bien employé, le temps que nous avions à passer à Berne s'écoula rapidement, c'est-à-dire la soirée du samedi et une partie de la journée du dimanche. J'ai eu ainsi l'occasion de constater que depuis quatre ans, contrairement à ce qui s'est produit dans la France catholique, le respect de l'Helvétie protestante pour le repos dominical ne s'est pas amoindri : à peu près tous les magasins étaient fermés ; presque point de circulation dans les rues ; aux alentours des temples, des agents de police et des chaînes tendues au travers des chaussées forçaient les rares voitures qui se présentaient à prendre un autre chemin, pour ne pas troubler par le bruit le recueillement des fidèles et la parole des prédicateurs. Fort bien, et ce sont là des mesures auxquelles je ne puis qu'applaudir, si peu praticables qu'elles soient en France ; mais je serais très-curieux de savoir si elles avaient été prises le matin, aux abords de la même église où j'avais assisté à la messe, et où maintenant le culte officiel célébrait son office. Quoi qu'il en soit, il m'a paru piquant de constater que, dans un des cantons de la Suisse qui passe à juste titre pour un des boulevards de la libre-pensée, il y a des cérémonies religieuses qu'on n'hésite pas à protéger par des procédés jusqu'à un certain point attentatoires au principe de l'égalité des consciences devant la loi civile.

Lucerne. — Le lac des Quatre-Cantons. — Andermatt.

Nous avons quitté Berne à deux heures, nous dirigeant par Langnau sur Lucerne, escortés jusque sur le trottoir de la gare par le bon abbé Thiébaud, et nous disant de part et d'autre affectueusement au revoir. Pratiqué à travers les belles vallées de l'Emmenthal et de l'Entlebuch, dans les bassins des deux rivières dont elles tirent leurs noms, l'Emme, ou plutôt les Emmes, car il n'y en a pas moins de trois, et l'Entle, le tracé que nous avions à suivre ne manque pas d'intérêt; mais en Suisse tous les chemins de fer se ressemblent quelque peu. Je n'en dirai donc pas davantage de celui-ci, bien que nouveau pour mes lecteurs et pour moi, et s'ils le veulent bien nous débarquerons ensemble immédiatement à destination, dans les baraquements peu dignes de briques et de bois qu'on décore pompeusement à Lucerne du nom de gare. Or, le temps s'était mis à la pluie, et il devait s'y maintenir pendant plusieurs jours; et comme personne ne quitte le lac des Quatre-Cantons sans y avoir vu le soleil, aucun voyageur ne partant plus, et d'autres continuant à arriver, il en était résulté dans la ville un certain encombrement, de sorte que l'hôtel du *Saint-Gothard*, où j'étais descendu autrefois, était plein. On s'y offrit cependant à nous conduire quelque part, et j'acceptai ;

mais sans doute on n'était pas tenté de me faire devenir le client d'une maison rivale, et, sous prétexte d'économie pour ma bourse, on nous dirigea sur un abominable bouge, l'hôtel des *Bouchers*, je crois, ce que j'ai nommé ailleurs un *albergo*, en allemand un *gasthof* ou *gasthaus*, en français tout au plus une auberge. Je pris, faute de mieux peut-être, une chambre qui y était vacante, sous la réserve toutefois *in petto* d'aller chercher un gîte ailleurs, ce que je fis immédiatement, et, en ayant trouvé un fort convenable à l'hôtel du *Cygne* ou *Schwanen*, je le retins bien vite. Restait à régler la délicate question de l'enlèvement de notre valise de l'hôtel ou plutôt de l'auberge des *Bouchers*, où elle était restée déposée et où, circonstance aggravante, on parlait à peine français. Je pris donc le parti d'exposer franchement la difficulté à mon nouvel hôte, et il me donna un domestique chargé de négocier l'affaire au mieux de mes intérêts. Je me hâte d'ajouter, à l'honneur du maître du susdit gasthaus, qu'il se montra d'excellente composition et poussa le désintéressement jusqu'à n'exiger absolument rien. Il ne tenait pourtant qu'à lui de s'entendre avec mon plénipotentiaire, puisqu'ils s'exprimaient en allemand l'un et l'autre, pour me voler tous les deux, de compte à demi ; mais c'était heureusement, à ce qu'il paraît, de braves gens, et j'en fus quitte pour une pièce donnée au garçon diplomate ; donc, quant à l'autre, réparation à ce digne logeur : si lui et sa maison se ressemblent, ils sont sales, mais honnêtes. Et comme, d'un autre côté, nous n'avons eu qu'à nous louer du *Cygne*, et que tout est bien qui finit bien, les choses se passèrent à merveille ; nous avons même plus d'une fois ri de bon cœur en voyant le maître du *Schwanen*, un gros homme court, à la barbe de bouc, ceindre au besoin la serviette, faire le service de la table d'hôte et courir à travers la salle à manger comme le moindre de ses subordonnés. Il avait moins plu, à ce qu'il paraît, à l'honorable conseiller dont j'ai parlé plus haut.

Le lendemain était le 15 août, fête de l'Assomption ; nous avons donc entendu la messe dans la cathédrale Saint-Léger, après avoir subi, comme la veille, un long sermon en allemand. Si cette église à l'extérieur est assez imposante, bâtie qu'elle est sur un tertre qui fait valoir d'autant mieux son portail surmonté de deux flèches élancées, l'intérieur est fort ordinaire, et les autels sont surchargés d'ornements lourds et d'un goût douteux. L'assistance était d'ailleurs fort nombreuse, et je ne pus m'empêcher de faire à ce propos une réflexion que l'on me pardonnera, je l'espère : certains esprits, quelques-uns de bonne foi, obéissant à des préjugés malheureux, la plupart sciemment, égarés par une haine aveugle, dénient à la religion toute influence sur les mœurs et les habitudes du peuple. Pourquoi donc ce jour-là, pour Lucerne, était-il donc une fête, alors qu'à Berne il ne se distinguait en rien du reste de la semaine, à tel point que la veille nous avions entendu annoncer en chaire qu'à raison de la situation particulière de la paroisse, l'autorité ecclésiastique permettait de vaquer le 15 août aux occupations ordinaires, une fois accompli le précepte de l'assistance à la messe ? Pourquoi, si ce n'est que dans la première des deux villes l'immense majorité de la population est catholique, est dans l'autre protestante ? Qu'on reconnaisse donc à l'idée religieuse et à son expansion au dehors leur puissance légitime, et tout en laissant à ceux qui ne veulent d'aucun culte la faculté de n'en point exercer, qu'on ne réclame pas non plus des pouvoirs publics, qui jusqu'à présent ont eu la sagesse de s'y refuser, des mesures qui pourraient entraver la liberté des autres.

Nous avons ensuite profité d'une éclaircie pour visiter les rares curiosités de Lucerne, le monument du Lion, les ponts couverts, les quais bordés d'une ligne de somptueux hôtels, et bien nous en a pris, car la pluie n'a pas tardé à nous confiner dans notre chambre pour tout le reste de la journée.

Nous devions le lendemain monter au Rigi; et là encore le temps nous à contrecarrés ; nous avons pu cependant, de ce belvédère incomparable, jouir de la vue des glaciers, des lacs et de la campagne, assez loin aux alentours. Trois voies de fer, comme je l'ai dit ailleurs, sillonnent la montagne, deux de la base au sommet, la troisième, un railway ordinaire, sur l'un des plateaux, de Kaltbad à Scheideck. Montés par la première, de Witznau au Kulm, nous avons suivi pour descendre la deuxième, non moins intéressante et semée, elle aussi, de points de vue et d'ouvrages d'art.

Se détachant de l'autre ligne à Staffel, elle arrive d'abord à Rigi Klösterli, puis par deux autres stations, en côtoyant un long ravin, à Goldau, bourg tout moderne, bâti sur l'emplacement d'un village du même nom, ruiné, le 2 septembre 1806, par l'écroulement d'une portion considérable de la montagne voisine, le Rossberg, qui, glissant dans la plaine, l'ensevelit sous ses débris. On est alors à la base du Rigi, dans un frais vallon qui aboutit à Arth, sur le lac de Zug ; là on prend le bateau à vapeur jusqu'à Immensée, sur la rive opposée, d'où en voiture, et mieux encore à pied, on se rend à Küssnacht, au fond de l'une des baies du lac des Quatre-Cantons, et par un nouveau paquebot on arrive à Lucerne.

Ce parcours, fort vanté d'ailleurs, est ainsi très-varié : on y rencontre, entre Immensée et Küssnacht, le chemin creux où Gessler reçut en pleine poitrine la flèche mortelle de Guillaume Tell, et, tombant à une place que rappelle une pierre, put encore se traîner 100 mètres plus loin, à un endroit où une petite chapelle a été érigée à la mémoire du héros libérateur de la Suisse. De tels souvenirs ajoutent singulièrement à la poésie d'une route bordée, du reste, de vertes prairies et de champs fertiles parsemés d'arbres fruitiers ; elle nous parut cependant moins belle qu'elle n'est certainement, obligés que nous étions de tenir au-dessus de nos têtes, pour nous préserver de la pluie, un engin qui de sa nature est essentiellement prosaïque, et en attendant le départ du bateau nous ne pûmes trouver un asile que dans l'église de Küssnacht, où deux femmes récitaient à haute voix, suivant la coutume du pays, ce que j'ai supposé être leur chapelet, au grand étonnement d'une dame réfugiée, comme nous, dans le saint lieu, et évidemment étrangère au culte catholique, car elle me demanda, dans ce français panaché dont il faut deviner le sens plutôt qu'on le comprend, si elles ne s'acquittaient pas ainsi d'une *pénance* (une pénitence sans doute).

Je m'étais bien promis de faire tous mes efforts pour ne pas manquer cette fois une excursion que je n'avais pu réaliser à mon précédent voyage, le tour du lac, et, s'il était possible, l'ascension du Saint-Gothard ; les jours suivants, dans notre programme, avaient donc été réservés à cette expédition. Le chemin de fer du Saint-Gothard a pris dans ces derniers temps une telle importance politico-commerciale, que peut-être on me saura gré d'en dire quelques mots. Destiné à relier, à travers la Suisse, l'Allemagne à l'Italie, ce railway magistral se soudera aux autres lignes helvétiques par celle de Zurich à Lucerne. Partant alors de Zug, il côtoiera le lac de ce nom jusqu'à Arth, où le rejoindra une autre branche venue directement de Lucerne, à travers le Rigi, qu'elle aura soit longé à sa base, soit franchi en tunnels. D'Arth il gagnera Schwytz et de là Brünnen, établi désormais en balcon sur les pentes du lac, et atteindra Flüelen, Altorf, et enfin Goschenen, en remontant la vallée de la Reuss. Là s'ouvrira sous le massif central du Saint-Gothard la fameuse galerie de 14,800 mètres de longueur, qui aboutira à Airolo, sur l'autre versant de la montagne. Le tracé suivra désormais le cours de la rivière du Tessin par Faido et Bellinzona jusqu'au lac Majeur, d'où il aboutira à Milan par les lignes italiennes. Les travaux sur ce parcours varié sont diversement avancés ; terminés sur plusieurs sections, ils sont loin d'être achevés sur d'autres, et l'on attend pour la mise en exploitation que le réseau entier soit en état : aussi, quant à présent, ne peut-on avoir recours qu'aux anciens modes de transport.

On s'embarque donc, généralement pour deux heures, sur le lac de Lucerne ; on fait escale, pour ne nommer que les stations principales, à Weggis, puis à Witznau, où à chaque voyage le bateau se livre à un avantageux échange de passagers avec le chemin de fer du Rigi, et bientôt on se trouve dans un étroit défilé formé par deux promontoires que leur forme assez étrange a fait baptiser les Deux-Nez ; on s'arrête alors à Buochs, puis à Beckenried, et à travers le lac à Gersau, surnommé le Nice de la Suisse, à raison de son climat tempéré et de sa fraîcheur en été ; là le bateau décrit une courbe ; par un nouveau détroit il aborde Treib, puis sur la rive opposée Brünnen, au-dessus desquels s'étagent, ici les hauteurs du Seelisberg, et là, parmi bien d'autres, l'hôtel-pension de l'*Axenstein*, au sein d'une vigoureuse végétation. A cet endroit on s'engage sur le lac d'Uri, et, en même temps que le bassin en devient plus resserré et plus encaissé, à chaque tour de roue surgit un souvenir de Guillaume Tell. C'est d'abord, à un angle, sur une immense muraille de rocher, le Mythenstein, une inscription en l'honneur du chantre du héros, Frédéric Schiller, puis à droite une prairie couverte d'arbres, le Grütli, le berceau de la liberté helvétique, où ses trois fondateurs, Walter Furst, Werner Stauffacher et Arnold de Melchthal, jurèrent, dans la nuit du 8 novembre 1307, de délivrer leur pays du joug des baillis autrichiens. Les trois sources qu'on y visite jaillirent de terre, assure la légende, au moment où fut fait ce serment solennel. De l'autre côté, à gauche, au-dessus de la voie de fer, on suit du regard la route militaire de Brünnen à Flüelen, percée à travers les parois arides de l'Axenberg, avec des arcades naturelles également taillées dans le roc. Enfin et tout à coup apparaît Tellsplate, la chapelle de Guillaume Tell, baignée dans le lac sur lequel elle s'ouvre, et construite sur un rocher à fleur d'eau, à l'endroit même où le libérateur s'élança de la barque sur laquelle Gessler le conduisait à son château de Küssnacht. Encore quelques minutes, et l'on aura atteint l'extrémité du lac et Flüelen.

De là part la route du Saint-Gothard ; aussi, à chaque arrivée, des véhicules de toute espèce attendent le bateau et font aux diligences de la poste fédérale une concurrence souvent heureuse, car, pour peu que l'on soit trois ou quatre, il n'en coûte pas davantage de voyager ainsi, et l'on a l'avantage d'avoir son équipage à sa disposition. Nous n'étions que deux; mais, trop fidèle à ses habitudes depuis plusieurs jours, la pluie tombait en abondance; il y avait dès lors peu d'amateurs, et nous obtînmes, au prix de 50 fr. aller et retour, c'est-à-dire bien au-dessous du tarif, car tarif il y a, une voiture à deux chevaux pour Andermatt. Nous croyions avoir fait un excellent marché; mais, hélas! l'allure plus que modérée de nos coursiers devait bientôt nous désillusionner cruellement: le conducteur eut beau user sur leur échine trois mèches de son fouet, par des coups assénés avec une telle fréquence que je me demande comment le soir le bras droit du pauvre diable était encore adhérent à son épaule; les misérables bêtes ne s'en émurent pas, et au lieu de six heures que dure le trajet en moyenne, notre attelage maudit devait y employer huit longues heures.

Nous suivîmes ainsi la route d'Italie, route poudreuse, dit M. de Conty dans son *Guide*, mais dont la poussière ce jour-là était devenue une boue épaisse. On remonte au départ une vallée fertile arrosée par la Reuss, et l'on atteint au bout de trente minutes un premier village que protége contre les avalanches une forêt dite pour cela sacrée, et où il est défendu comme telle de porter la hache: c'est Altorf. Au milieu d'une place se dresse une statue colossale de Guillaume Tell, son arbalète à la main; sur une autre, une fontaine est surmontée d'un groupe qui représente l'intrépide archer embrassant son fils, après la scène dramatique que l'on sait. De cet endroit, suivant la chronique, le père lança la flèche ; une tour marque celui où s'élevait le tilleul contre lequel le jeune homme était appuyé, la pomme sur la tête. Plus loin, à Amsteg, à l'ouverture d'une vallée latérale, le Madéran, est le premier relais de la poste ; mais nos haridelles surmenées devaient nous suffire, et l'on se contenta de les faire reposer, pour leur donner un peu de la vigueur dont elles allaient avoir grand besoin, car là commence vraiment la montée du Saint-Gothard, et l'on se met à gravir parfois une pente douce, mais le plus souvent des rampes ardues, de temps en temps taillées dans le roc. Tantôt à droite, tantôt à gauche, la Reuss mugit dans le fond d'un abîme où elle forme des chutes, et on la traversera huit fois jusqu'à Andermatt ; le troisième de ces ponts est appelé le Saut-du-Moine, parce qu'un religieux l'aurait, dit-on, franchi avec une jeune fille dans ses bras.

La rivière ici tourbillonne ; une vue grandiose se développe de tous côtés ; partout un horizon de montagnes du sommet desquelles descendent des cascades. En même temps nous découvrions avec un étonnement mêlé d'admiration les ouvrages gigantesques à l'aide desquels le chemin de fer pourra triompher de ces difficultés ou plutôt de ces quasi-impossibilités naturelles, car, à mes yeux, ces efforts de l'homme ont doublé l'intérêt qui s'attache à l'excursion du Saint-Gothard : ici des galeries, là des viaducs jetés au-dessus de véritables précipices, au moyen de minces piliers en maçonnerie et d'étroits tabliers en fer. En attendant le jour prochain où la vapeur viendra donner la vie à ces travaux, nous croisions à chaque instant, soit des voitures particulières se dirigeant sur Flüelen, car, grâce à la pluie, nous étions à peu près les seuls qui marchions dans le sens contraire, pour la plupart de pesantes calèches encombrées de bagages, soit de lourds chariots attelés de six chevaux chargés de pierres ou de bois.

Nous atteignîmes ainsi Wasen, un assez gros village, dont l'église est sur la hauteur dominant au loin la vallée; aussi, et avant d'y arriver par de sinueux détours, nous l'aperçûmes longtemps, et il nous sembla que nous n'y parviendrions jamais. Le froid commençait à se faire sentir; à mesure que nous montions, le brouillard nous enveloppait davantage, et, en même temps que j'achetais un petit pain pour aider nos estomacs à attendre le souper, que paraissait devoir retarder indéfiniment la lenteur de notre attelage, malgré une restauration qu'il prenait, lui aussi, je crus prudent d'emprunter une couverture. O voyageurs qui voulez escalader les montagnes, ne craignez donc pas d'emporter avec vous de trop lourds vêtements ! Là on s'engage dans la forêt de Wasen, et l'on s'enfonce dans des ravins de plus en plus sauvages. A un détour à gauche, la route passe le long de la Pierre-du-Diable, un bloc immense auquel, à l'aide d'une forte dose de bonne volonté, on trouvera avec les *Guides* la forme d'une tête de cochon. On approche alors du point où s'ouvrira le tunnel; aussi, pour atteindre l'altitude où a été percée la galerie, le railway se replie sur lui-même, et revenant en arrière il se développe en lacets : trois voies à des niveaux différents sont ainsi superposées, et à Goschenen, celle qui domine les deux autres s'engouffre dans le souterrain, pour ne revoir le jour qu'à Airolo, quinze kilomètres plus loin. De son côté, la route monte de plus en plus en zigzags, au sein d'un effrayant défilé de rochers à pic ; c'est la gorge sauvage des Schellizen, surnommée Krachenthal, ou vallée bruyante, parce que la Reuss s'y précipite avec fracas, et qu'en hiver les avalanches roulent fréquemment des déclivités de la montagne. Aussi, une galerie de 60 mètres de longueur a été creusée dans le roc vif pour protéger le chemin ; au-dessus d'une des chutes du torrent, on le franchit de nouveau ; on rencontre enfin un huitième pont, le Teufelsbrücke, ou Pont-du-Diable, construit en 1830 à 1,558 mètres d'altitude, une seule arche en granit, de 18 mètres d'ouverture sur 7 mètres de hauteur, ayant sa clé de voûte à 31 mètres plus haut que la Reuss, et dominée par un bloc de rocher sous lequel entre aussitôt la route carrossable au moyen d'une seconde galerie du nom d'Unerloch ou trou d'Uri ; à gauche et à 25 mètres au delà se trouve le vieux pont. C'est là sans contredit le point le plus imposant du trajet tout entier. La rivière tombe d'une hauteur de 32 mètres, par une cascade dont la poussière inonde le voyageur au passage, et qu'on illumine à certains soirs aux feux de Bengale, tout comme au Giessbach. Puis tout à coup, par un de ces contrastes qu'on ne croirait volontiers possibles qu'au théâtre, si la nature ne se chargeait de démontrer le contraire, la scène change, et s'ouvre une riante vallée faisant suite à l'infernal chaos, et qu'arrosent les eaux de la Reuss, désormais apaisées ou plutôt encore calmes, puisque nous la remontons et que sa chute est située plus bas.

Qu'on ne s'imagine pas toutefois que nous ayons vu, dans la soirée du 17 août, tout ce que je viens d'esquisser : à peine nous fut-il donné de distinguer le long de la route, après Goschenen, des tuyaux au moyen desquels, lors des travaux de percement du tunnel, était amenée de la cataracte de la Reuss l'eau qui devait servir de force motrice pour les puissantes machines à perforer le roc. La nuit ne tarda pas à nous envelopper, d'autant plus complète que nous cheminions au sein des vapeurs qui se condensaient autour de nous en de froides ondées. Le conducteur n'alluma cependant ses lanternes qu'au trou d'Uri ; nous nous doutions bien que nous décrivions des zigzags le long de la rivière, puisque nous l'entendions mugir au-dessous de nous, tantôt à droite, tantôt à gauche; mais nous ne voyions absolument rien. Le lendemain, au retour, nous fûmes effrayés en constatant quels innombrables lacets nous avions la veille gravis dans l'obscurité, uniquement guidés par l'instinct des chevaux et leur habitude de la route, et c'est au milieu de ténèbres épaisses que la voiture s'arrêta enfin devant le perron d'une maison brillamment éclairée, que nous supposâmes être l'hôtel de *Bellevue*, à Andermatt, où nous devions coucher.

Mais qui me donnera la plume étincelante d'un Théophile Gautier ou d'un Saint-Genest, pour raconter dignement cette arrivée épique ? Il était neuf heures du soir ; la pluie tombait à torrents. Un garçon de l'hôtel était venu à notre rencontre, armé d'un immense parasol à deux fins, qui pour le moment, je puis vous l'affirmer, avait à nous garantir d'autre chose que des rayons du soleil. Pour être plus à l'aise, nous avions échangé contre des pantoufles nos chaussures humides, et nous cherchions celles-ci à tâtons sous le tablier de la voiture, ne pouvant descendre en un si simple appareil. Pour comble d'infortune, on nous logea dans un chalet dépendant de l'hôtel ; il nous fallut donc, pour prendre possession de notre gîte, patauger dans le sable inondé des allées d'une sorte de parc, puis revenir souper, ensuite de là retourner dans notre chambre par le même chemin aquatique, et quand nous y fûmes enfin installés, le froid était tel dans cet appartement assez vaste, et sur nos lits les draps tellement humides, que nous dûmes ce soir-là ne pas faire fi du formidable amas de couvertures, de couvre-pieds, d'oreillers et d'édredons, qu'ailleurs nous entassions dédaigneusement et comme nous pouvions dans les coins. Oh ! qu'abordé sous de pareils auspices le Saint-Gothard était peu poétique ! Heureux encore de n'y avoir point gagné un rhume ou quelque chose de pire !

C'est pourtant un site délicieux et fort animé durant la belle saison, bien qu'il ne compte qu'un millier d'habitants, que ce village d'Andermatt, assis à 1,444 mètres d'attitude, à l'entrée de la vallée d'Urseren, riante oasis couverte de pâturages, au milieu d'une nature sauvage et désolée, où il se trouve le passage obligé des voyageurs qui se rendent de Suisse en Italie, et le point de départ en même temps de deux autres routes, celle de Chur ou Coire par l'Oberalp et Dissentis, et celle de Brieg et du Simplon par Hospenthal, la Furka, le glacier et la vallée du Rhône. On comprend dès lors qu'un grand nombre de personnes s'arrêtent là chaque été, et plusieurs hôtels les y sollicitent, dont le principal est l'hôtel de *Bellevue*, vaste et somptueux établissement de cent soixante-dix lits. N'y descendez pas cependant, lecteurs amis, car, pour peu que vous meniez une existence assez large, vous aurez bientôt à acquitter une note formidable, et si vous m'en croyez, aller plutôt frapper à la porte d'une maison plus modeste. Je crains fort, au surplus, pour Andermatt qu'il ne jouisse cette année de son reste, puisque désormais on n'y passera plus qu'au-dessous et en tunnel, à plusieurs centaines de mètres de profondeur, et l'on n'y viendra guère plus que pour monter de là à la Furka ou au Saint-Gothard.

J'aurais vivement désiré pouvoir faire l'une ou l'autre de ces deux excursions, mieux encore l'une et l'autre; malheureusement, au matin du jeudi 18 août, le temps était absolument le même que la veille; rien ne semblait annoncer qu'il dût s'améliorer, et neuf heures avaient déjà sonné quand parut enfin le soleil, déchirant les nuages dans les régions supérieures, et les réduisant en des lambeaux épars qui continuèrent à flotter à travers l'espace, au gré du vent, à l'état de légers flocons de vapeurs, sur le flanc des montagnes et dans le fond des vallées. Il était trop tard pour essayer d'aller plus loin, et il fallut se résoudre à reprendre le chemin de Flüelen ; mais auparavant je voulus voir du moins tout ce qu'il me serait possible, et gravissant presque jusqu'au dernier les lacets qui forment autant d'échelons sur la route de Coire, il nous fut permis d'embrasser du regard la vallée tout entière : Andermatt à nos pieds, plus loin Hospenthal, où se réunissent en un seul les deux bras de la Reuss descendus du Saint-Gothard et de la Furka ; tout au fond, fermant l'horizon, à 800 mètres plus haut, de vastes glaciers qui sur ces deux plateaux, couronnés de neiges éternelles, nous apparaissaient aux rayons du soleil revêtus de la parure éblouissante de blancheur que leur a donnée la nature ; à droite et à gauche, d'autres glaciers plus petits, qui tachetaient les anfractuosités des sommets du voisinage, à mesure que ceux-ci se dégageaient de leur manteau de vapeurs, et de chacun desquels coulait un filet d'eau. Le peu que j'entrevis ainsi des merveilles qu'il nous était interdit d'aborder éveilla en moi, de ne pouvoir les saluer que de loin, des regrets d'autant plus vifs, qui ne sont pas encore dissipés, et souvent la nuit je découvre dans mes rêves, ou plutôt je crois découvrir le Saint-Gothard et la Furka, tels que les dépeignent les *Guides* et la photographie, l'un avec sa maison de refuge et ses deux lacs, l'autre avec son col étroit entre deux pics aigus, semblables aux dents d'une fourche, d'où lui est venu son nom, et le glacier aux couleurs azurées, pareil à une montagne de sulfate de cuivre, d'où s'échappe le Rhône.

Bâle. — Belfort. — Besançon.

De retour le vendredi 19 août à Lucerne, nous y prenions à deux heures le train de Bâle. Nous avions le matin, en arrivant, fait rencontre à la gare de la caravane de jeunes gens, amis de Louis, qui achevaient de parcourir en vrais touristes une grande partie de la Suisse, le sac au dos et le bâton ferré à la main. Ils regagnaient maintenant Orléans par Strasbourg et Domremy. Nous fûmes heureux de pouvoir serrer la main à plusieurs de ces hardis excursionnistes, ainsi qu'aux deux maîtres qui les conduisaient, et dont la tournure ecclésiastique avait totalement disparu sous une barbe épaisse et des vêtements civils (sans doute, de mon côté, j'aurai paru à ces messieurs un magistrat passablement inculte), et nous apprîmes par eux que nous venions, sans le savoir, de passer devant une véritable colonie de compatriotes installée sur les rives du lac. Nous découvrîmes alors pour la dernière fois les glaciers des Grisons et de l'Oberland bernois, que nous laissions en arrière ; puis, abordant Sempach, où les Suisses remportèrent sur les Autrichiens une victoire célèbre, le 8 juillet 1386, nous côtoyâmes le lac de ce nom, pour croiser ensuite à Olten les nombreuses lignes de fer de cette partie de l'Helvétie. On se mit là en devoir d'allumer les lampes des wagons ; or, en Suisse, on est peu prodigue en fait d'éclairage des voitures, et quand on voit s'effectuer semblable opération, on peut être sûr qu'un long tunnel n'est pas loin. Nous allions en effet avoir à traverser la chaîne du Jura par une galerie de 2,500 mètres ; une heure et demie plus tard, nous nous arrêtions à Bâle, sous la gare centrale, où aboutissent les railways de la Suisse, de la France et de l'Alsace-Lorraine, reliés désormais entre eux et aux réseaux du grand-duché de Bade et de l'Allemagne par un chemin de fer de ceinture.

De cette sentinelle avancée de l'Helvétie, qui devait être notre dernière étape dans le pays de Guillaume Tell, je ne ferai que compléter en peu de mots ma description de 1877. Je dirai d'abord qu'au lieu d'un seul pont sur le Rhin, il y en a trois à présent, puisque la promenade qui s'étend aux abords de la gare est devenue aujourd'hui une suite de jardins-squares bordés de constructions imposantes et de riches hôtels. J'ajouterai que nous avons visité l'intérieur de la cathédrale de Munster, d'un style sévère et très-sobre d'ornements, décoré de beaux vitraux modernes et de monuments funéraires, parmi lesquels les tombeaux de l'impératrice Anne, épouse de Rodolphe de Habsbourg, et d'Érasme, ensuite les vastes cloîtres qui rayonnent à l'entour, remplis, eux aussi, de mausolées, et de là, sur une place voisine, la statue du réformateur Écolampade. Nous avons alors, de la Platz ou terrasse, joui du panorama du Rhin, dont le cours magnifique divise la ville en deux parties, et plus loin des premiers contreforts de la Forêt-Noire. Je ne saurais non plus passer sous silence l'hôtel-de-ville, aux girouettes d'une forme bizarre et à la façade couverte d'images grimaçantes, ni la Poste, immense halle neuve en grès rouge, comme partout à Bâle, abritant des services organisés comme je n'en ai vu nulle part. Je mettrai enfin mes lecteurs en garde contre un produit du pays, par les attraits duquel je me suis sottement laissé tenter, le leckerli, abominable pain d'épices saturé d'un mélange de cannelle et de girofle qui emporte la bouche.

Nous devions rentrer en France par Belfort, pour de là gagner Besançon ; or, deux railways y conduisent de Bâle, l'un par Mulhouse et l'Alsace, monotone et sans intérêt, que j'avais déjà suivi ; l'autre bien plus long, que je ne connaissais pas, mais que je supposais avec raison plus accidenté, par la Suisse, Délémont et Delle, à travers les massifs du Jura. Nous sommes donc partis par cette dernière voie, et nous n'avons eu qu'à nous en applaudir. Sans doute, on y a le désagrément de changer de voiture à deux reprises, une première fois à Délémont, pour laisser le train achever sa course vers Neufchâtel et au-delà, ensuite à Delle; mais l'ennui de ce double petit déménagement est largement compensé par le charme de la route. C'est d'abord la vallée d'un petit cours d'eau, lequel devait, dix jours plus tard, se permettre de déborder et d'intercepter la voie, la Birse, qui met en mouvement plusieurs usines. L'une d'elles, un moulin, était devenue la proie des flammes; mais l'incendie avait épargné la roue, et elle continuait à tourner inconsciemment sous l'impulsion du courant. « N'en est-il pas de même, me suis-je dit à cette vue, dans l'ordre de la nature? Sur le vaste théâtre du monde, chaque homme se montre un instant, joue le rôle que la Providence lui a départi, puis disparaît, et d'autres le remplacent; et non seulement les acteurs changent, mais aussi les décors : républiques, royaumes, empires, se détruisent et se succèdent. Or, c'est le même soleil qui se lève sur tout cela à l'heure prescrite, et l'éclaire de ses rayons, sous la main toute-puissante qui l'a une fois lancé dans l'espace, et ainsi les générations viennent tour à tour se coucher l'une sur l'autre dans les entrailles de l'univers, leur sépulcre commun, et sur leur dépouille à peine refroidie et pleurée un moment la terre insoucieuse revêt à chaque printemps sa parure de gazon et de fleurs !... »

Entre Délémont et Delle, j'ai aussi noté dans ma mémoire un beau site, les abords de Saint-Ursanne : entre deux tunnels, par l'un desquels on traverse le mont Terrible, l'un des chaînons principaux du Jura bernois, et du haut d'un viaduc, on découvre la rivière du Doubs, qui serpente dans une gorge profonde. On arrive alors à Porrentruy, et bientôt ensuite on franchit la frontière, puis à 500 mètres plus loin, à Delle, après la visite de la douane française, on quitte à regret pour les durs coussins des voitures de notre Compagnie de l'Est les moelleuses banquettes aux ressorts élastiques et les confortables wagons de l'Helvétie, et enfin, par des plaines monotones, on aborde Belfort. Adieu désormais la Suisse, ses glaciers, ses lacs et ses montagnes. Nous rentrions en France, il est vrai, mais nous revenions aussi aux tristes réalités de l'existence. On nous pardonnera donc d'avoir alors plus d'une fois tourné la tête en arrière et salué d'un regard sympathique le pays où, libres de tout souci, tout entiers au spectacle de la nature, nous venions de passer douze jours heureux, trop vite écoulés !

Belfort est aujourd'hui, de l'enceinte à la gare, précédé d'un important quartier, qui est devenu une véritable cité depuis que, par suite de l'annexion de l'Alsace-Lorraine, beaucoup d'habitants de cette infortunée province sont accourus s'y fixer. Le faubourg de France s'étend ainsi chaque jour davantage, libre qu'il est de prendre son essor, sans avoir à compter avec les remparts qui enserrent la place forte dans leurs formidables murailles, en même temps qu'à droite et à gauche s'en développent deux autres, le faubourg de Montbéliard et celui des Ancêtres, ainsi nommé sans doute par euphémisme, au lieu d'une autre appellation plus funèbre, qu'on devinera sans peine, et c'est là que semble se porter de préférence la population civile, abandonnant la ville ancienne à l'élément militaire.

Arrivés dans la soirée du samedi, nous aurions pu aisément partir le lendemain; mais nous ne pouvions décemment ce jour-là tomber à l'improviste au logis d'un chanoine. J'imaginai donc de profiter de notre après-midi du dimanche pour une excursion à Plombières, que rendait facile la combinaison des trains. Il s'agissait de prendre à Belfort la ligne de Paris, puis à Lure le réseau transversal qui de là à Nancy, par Epinal, relie les deux railways de Bâle et de Strasbourg, à Aillevilliers enfin un nouveau branchement qui, remontant doucement, trop doucement même, le petit cours d'eau de Plombières jusqu'au vallon dominé par de belles hauteurs boisées où se cache la célèbre station thermale, devait nous y conduire, et de même au retour. Il fut ainsi fait, et par cette rapide promenade nous eûmes un aperçu de la région des Vosges. Je regrette même à présent de ne pas l'avoir, en y consacrant une journée de plus, prolongée plus loin, jusqu'à Gérardmer, et à son lac tant vanté. J'oubliais de dire qu'en outre de Plombières, une autre ville d'eaux nous était apparue sur la route, bien moins pittoresque, mais assez fréquentée, elle aussi, ayant de très-chauds partisans et ne manquant pas d'une certaine renommée, Luxeuil, au milieu de prairies coupées de canaux d'irrigation, sur les confins d'une épaisse forêt.

Nous étions à six heures de retour à Belfort. C'était le jour des élections, et l'animation était grande, car la lutte avait été vive entre le député sortant, M. Keller, et son concurrent, un médecin de la localité. Celui-ci n'avait pas en vain tapissé de ses affiches multicolores tous les murs de la ville, et jusqu'aux bornes des promenades, qui en étaient littéralement enguirlandées : il l'avait emporté; ses adhérents célébrèrent bruyamment son triomphe et le leur toute la soirée et une bonne partie de la nuit, par les accents inoffensifs de la *Marseillaise* et d'autres cris plus malsonnants à l'adresse de ceux qui avaient voté pour le candidat vaincu, et le lendemain matin des drapeaux se mirent à flotter à un grand nombre de fenêtres en l'honneur du nouveau député. Pendant ce temps-là, nous fîmes, nous, autour de la place une promenade, au bas de la muraille de rochers à pic du côté de la France, où se dresse le château, et dans les parois de laquelle on a récemment taillé un lion colossal en grès rouge, en mémoire de la défense héroïque de la ville en 1871, et surtout sur le front opposé, le long des remparts, dans le camp retranché que forment avec la citadelle les forts détachés semés à l'entour sur les hauteurs, nous rendant compte de notre mieux, malgré notre incompétence en matière stratégique, de l'ensemble des ouvrages au moyen desquels on s'est efforcé de boucher la fameuse trouée de Belfort.

Nous partîmes à midi, suivant la ligne de fer qui, par Héricourt, un des champs de bataille de l'armée de l'Est en 1871, puis Montbéliard, et de là par Clerval et Baume-les-Dames, au travers de la vallée du Doubs, aboutit sur l'un des bords de la vaste cuvette au fond de laquelle est bâti Besançon, au centre d'un cercle de montagnes, dans une position qui lui a valu le surnom de vase de nuit de la province. Je m'empresse d'ajouter que depuis plusieurs années le récipient malpropre s'est notablement nettoyé. Qu'il me permette cependant de lui dire qu'il lui faudra encore, je crois, quelques efforts pour achever d'expulser de ses flancs certaines.... choses qui semblent y être restées. Sa municipalité fera bien aussi de chercher du grès et du granit pour le service tout au moins de ses chaussées principales, au lieu de se borner à étêter un peu (et seulement pour ses plus belles rues, paraît-il, les aspérités qu'ils tiennent de la nature leur étant laissées ailleurs) les cailloux pointus qui font partout à Besançon l'office de pavés. A part ces légères critiques, que la cité bizontine me pardonnera, je l'espère, je n'ai que du bien à en écrire ; elle m'a semblé être une ville sérieuse, comptant peu de monuments, mais tous d'un goût sévère, et de beaux musées, riches surtout en collections de minéraux. Tout le monde enfin sait que le chef-lieu du Doubs est un des boulevards de notre frontière de l'Est, et avec la citadelle il n'est pas défendu par moins de quatorze forts établis sur un amphithéâtre de montagnes.

Où chercher un chanoine, ou du moins son adresse, sinon au chœur et dans sa stalle, ou bien aux environs? Nous nous fîmes donc indiquer la cathédrale, et nous finîmes par y arriver tout au bout de la ville, à l'extrémité d'une rue d'autant plus interminable que les tramways sont encore inconnus à Besançon. On y chantait justement les vêpres canoniales; mais nous avions compté sans l'âge de M. l'abbé Thiébaud, qui lui interdisait de gravir plus d'une fois par jour la montée assez raide qui aboutit à l'église. Nous gagnâmes toutefois à notre promenade, non seulement d'apprendre où il demeurait, non loin de là, mais encore de trouver à l'intérieur de la maison de Dieu de beaux marbres et surtout, au devant de chacun des autels qui, par une disposition singulière, terminent les deux branches du bras principal de la croix, deux magnifiques mosaïques dont l'une rappelle les portes et les tours de la Jérusalem antique. Nous passâmes ensuite sous un portique et devant des ruines de l'époque romaine, et nous vînmes surprendre le bon chanoine au fond de son jardin, dans une sorte de Thébaïde qu'il s'y était ménagée pour se recueillir et travailler à son aise loin des bruits de la rue. Surprendre, d'ailleurs, n'est pas tout à fait le mot exact, car depuis le samedi M. l'abbé Thiébaud nous attendait, et il nous destinait, à Louis, qu'il appelait affectueusement son neveu, et à moi, deux des pièces de son appartement, dans lequel il fut une époque de sa vie où il se plaisait à réunir des tableaux de prix et des œuvres d'art : son avoir, nous a-t-il été dit, s'en est même trouvé notablement écorné. Il nous y a montré aussi un souvenir de saint François de Sales, les lettres d'ordination du doux évêque de Genève. Il avait encore eu en sa possession dans un temps l'un des anneaux du vénérable prélat, et son bon cœur l'avait à plusieurs reprises poussé à s'en dessaisir. Toutefois, les personnes à qui il l'avait offert étant venues à mourir, la pieuse relique lui était rentrée, et il en avait alors disposé derechef au profit d'un haut dignitaire de l'église de Besançon; mais ce nouveau détenteur semblait peu enclin à une restitution, soit *deficiente vitâ*, comme ses prédécesseurs, soit *motu proprio*, et le vieillard n'était pas sans se repentir de sa générosité, d'autant plus que depuis le possesseur actuel du précieux joyau avait cessé de lui être *persona grata*. Peut-être aussi le donateur avait-il le pressentiment que ce serait lui, cette fois, qui aurait à répondre le premier à l'appel du souverain juge, et qu'ainsi, malgré lui, la libéralité qu'il regrettait serait définitive.

L'excellent homme nous fit l'accueil que l'on devine. J'aurais désiré pouvoir accepter plus longue son hospitalité, telle qu'il voulait bien la souhaiter; mais notre retour était annoncé pour le lendemain, et il nous fallut, dès sept heures et demie du soir, prendre congé de lui. Auparavant, toutefois, il tint à nous offrir ce qu'il appelait un petit souper, et qui n'était autre qu'un dîner somptueux, arrosé de vins généreux puisés à l'un des meilleurs coins de sa cave, justement renommée à Besançon, paraît-il, et l'une des mieux appréciées ; il eut même la bonne pensée d'y inviter en notre honneur un de ses amis, convive fort aimable aussi, attaché à l'une des administrations de la ville. Nous partîmes alors, comblés des attentions les plus prévenantes et les plus délicates. Ce fut ainsi par un véritable repas de chanoine que se termina notre voyage ; je puis le dire sans que l'ombre de M. l'abbé Thiébaud puisse m'en faire un reproche, car, légèrement indisposé, il prit à peine part au festin. Ce malaise était-il un avertissement que lui envoyait la Providence ? Toujours est-il qu'il y a peu de jours j'ai appris fortuitement que le sympathique vieillard n'existait plus. Je lui avais écrit deux semaines après notre retour, dans le but d'avoir de ses nouvelles et de lui répéter l'expression de ma gratitude pour sa réception si cordiale, et je commençais à m'étonner de ne pas voir arriver une réponse, sachant son exactitude en même temps que son abondance épistolaires. Sur ces entrefaites, j'achevai mon récit ; j'y insérai les détails qui précèdent et ceux qu'on a vus plus haut sur notre rencontre à Berne, et je me disposais à les livrer à l'impression avec des souhaits de longue vie que j'ai dû supprimer depuis, puisque malheureusement ils étaient désormais caducs, pensant que notre hôte de Besançon les lirait avec plaisir, quand la nouvelle de sa mort est venue en faire un éloge funèbre.

C'est donc à sa mémoire que je les offre aujourd'hui, comme un triste et dernier souvenir sur lequel je fermerai ce livre. M. l'abbé Thiébaud semble avoir succombé à une fin rapide ; il n'aura cependant pas été surpris, car dès longtemps préparé à son heure suprême, comme il nous le disait lui-même, il l'attendait avec cette sérénité chrétienne et confiante que peut avoir celui-là seul qui a bien vécu. Je dois reconnaître cependant, pour que ce portrait du doyen du chapitre de Besançon ne semble point trop flatté à ceux de mes lecteurs qui auraient entendu parler de lui, qu'un jour il s'oublia : poussant fort loin certaines opinions théologiques, il entretint avec Mgr Dupanloup, qui appartenait à une école bien autrement française et libérale, des démêlés qui ont eu au sein du clergé un retentissement fâcheux, et alors, dans l'ardeur de la polémique, il écrivit sur notre grand évêque des pages profondément regrettables, par quelques mains qu'elles eussent été tracées, et surtout émanant d'une plume sacerdotale ; aussi l'auteur en aura-t-il bientôt, j'aime à le croire, déploré la violence, et ainsi Dieu les lui aura sans doute pardonnées. Je n'ai, au surplus, à apprécier en M. l'abbé Thiébaud qu'un ami de rencontre, que m'a donné par deux fois le hasard des voyages, et à ce titre il me restera de lui ce souvenir mélancolique et doux que laisse derrière soi un vieillard aimable et bienveillant à ceux qui ont eu avec lui des relations agréables, si fugitives qu'elles aient été.....

Nous rentrions à Orléans par Dôle, Dijon et Paris.

Partis de Besançon le lundi soir 22 août, à huit heures et demie, nous étions le lendemain matin, à onze heures, à la campagne, y embrassant les nôtres, pour qui une affectueuse hospitalité faisait couler plus vite les jours de notre absence.

15 octobre 1881.

TABLE

www.ingramcontent.com/pod-product-compliance
Ingram Content Group UK Ltd.
Pitfield, Milton Keynes, MK11 3LW, UK
UKHW020919180726
13838UKWH00002B/644

9 782329 315881